AQUARIUS

AQUARIUS

AQUARIUS

AQUARIUS

Vision

一些人物，
一些視野，
一些觀點，
與一個全新的遠景！

がんばっているのに愛されない人
ナルシシズムと依存心の心理学

爲什麼／我們愛得這麼累

Kato Taizo
加藤諦三　吳倩 譯

【序言】

只要擁有「去愛人」的能力，人生的問題終有辦法解決

人類心理的本質，從我們還住在洞穴中的時代開始就沒發生過什麼變化。

說起來，人類心理的重要本質，基本上都已經在古希臘悲劇作品中表現過了。如今在電臺的熱線諮詢節目中流行的話題，也和《聖經．舊約》的時代沒有區別。

發生改變的只是現象，而不是本質。

がんばっているのに愛されない人
ナルシシズムと依存心の心理

為什麼我們愛得這麼累

大約在四十年前，我寫了一本書：《愛與青春的潮流》。

如今重讀那本書，我發現在戀愛心理上，當時和現在沒有任何區別。因此，我以那本書中所闡釋的不變的戀愛心理為中心，融合我四十年來心理學研究的結晶，完成了這本《為什麼我們愛得這麼累》。

在本書中，我試著透過戀愛來思考「人類不變的本質」。如何有效利用「人類不變的本質」來幸福地生活，這是人們的永恆課題。

特別是在今日提倡「變化的時代」、「全球化時代」，這種浮躁的現實背景下，我想，即使是談論戀愛，恐怕這種視角也是很必要的。

在本書中，我思考的是在每一個失戀案例中，隱藏著怎樣的心理。透過瞭解隱藏的心理來探討：如果想要讓戀情開花結果，需要有哪些必要的心理因素。

即使在一般的人際關係中，有心理問題的人，也比較容易與有心理問題的人走在一起。反過來說，有心理問題的人，無論如何都會避開心理健康的人。

人的內心糾結會透過人際關係表現出來，在戀愛這件事情上也是一樣。心理上生了病的男人，容易與心理上生了病的女人墜入愛河；而心理上生了病的女人，會無意識地避開心理健康的男人。

內心有糾結的人在聽到「愛」這個字眼的時候，只會想到「被愛」，這就是「愛無能」的人。

即使因戀愛而發生爭執，他們也只會一味煩惱，卻無意解決問題。

對某些人來說，戀愛能夠豐富、充實他們的人生，可是對另一部分的人來說，戀愛卻會破壞人生。

既有因為談戀愛而變得幸福的人，也有因為談戀愛而毀掉人生的人。

為什麼會這樣？

這就好比一個人是加入邪教組織，還是信仰傳統宗教，會帶來不同的結果。

為了解決自己內心的糾結而去戀愛的人，會被戀愛毀掉。

相反地，如果不在乎自己內心的糾結，只是因喜歡上對方、愛上對方而戀愛，那麼無論是否會失戀，都會豐富自己的人生。

更進一步來說，其實所有的努力都是一樣的道理。努力永遠是一把雙刃劍。

有的人努力想要在社會上獲得成功，到頭來卻白白浪費了人生；也有的人經過努力，讓人生過得十分有意義。

有的人想要透過社會地位的成功來解決自己內心的糾結，遺憾的是，這樣的努力是「走向毀滅的努力」。

為「走向毀滅」而努力著的人，並不會意識到自己努力的動機。他們意識不到自己內心的糾結。

所謂「最基本的欲望」就是說，這種欲望一旦得不到滿足，人就會非常焦慮不安。

因基本欲望得不到滿足而不安的人，無論做任何事情，都會以消除不安為首要目的。在談戀愛時也一樣，他們的目的並不在戀愛本身，而是要消除自己的不安。

因此，他們優先考慮的是「被愛」，而不是去「愛人」。

工作上，也是以消除不安為目的，所以他們無論如何都想要得到成果，以此獲得安心，這是他們最優先考慮的。

也許有人會覺得本書所舉的各種例子實在太過極端，但其實，那些都是我在現實中接觸到的案例。而且從本質上來講，這些故事與普通人的戀愛也有共通之處。在極端的例子當中，事情的本質會表現得更加鮮明。

因為在現實的世界裡，既沒有完全心理健康的男人，也沒有完全理想的女人，所以，人類並不能區分成截然不同的兩類。也就是說，並不能把人分成「心理健康的人」和「有心理疾病的人」這兩類。

從心理健康到患有心理疾病之間是一個連續的狀態。無論是心理健康的人，還是有心理疾病的人，其實都只是程度的問題。

心理健康是一種理想概念，並不是一個分類概念。

談戀愛時，會呈現出一個人的內心世界。從這種意義上來說，透過戀愛，人可以看到自己。

一個人隱藏的心理情結會對他的自我產生影響，而這會透過戀愛關係表現出來。

是否拒絕承認這種隱藏的自我，決定了一個人未來是否能夠幸福。

一個人自我確立與人格成熟的程度，都可以透過戀愛的考驗而表現出來。從某種意義上而言，戀愛就是一個試煉場。在戀愛當中，能夠考驗出一個人的綜合能力。

戀愛，會讓一個人突然直面自己的無意識。黑色的烏鴉就算硬說「我是白的」，也無法讓戀愛成功，就是因為牠不肯承認「我是黑的」，狀況才會愈來愈惡化。

為了防止自身的價值受到威脅，戀愛狀況會惡化的人，需要在戀人面前虛張聲勢。

戀愛就像在其他的人際關係當中一樣，不能自以為是。

內心深處下意識地自卑，卻刻意表現得自己很了不起，如此背道而馳的做法，絕對無法讓戀愛成功。這是人格中的矛盾呈現在戀愛裡的結果。

就好像一個人分明沒有做老大的氣魄，就算去招募小弟也招不到優秀的人才；同樣地，明明逃避現實，卻渴望找到出色的對象，就算再怎麼去追尋也是找不到的。和沒有氣魄的老大一樣，招來的只會是一些平庸的對象。

對這樣的人來說，即使從一見鍾情發展到了熱戀階段，也會很快地迎來不歡而散的結局。一見鍾情代表了一個人的自我很不穩定，代表了意識和無意識之間的背離非常嚴重。

同時，也代表了一個人沒有溝通的能力，代表了他與其他人並沒有發生心靈上的聯繫。

這種心理就和某些團體的成員想要掩蓋內心的寂寥，因而故意誇耀成員間有鋼鐵般的團結一樣，他們不肯承認彼此間沒有心靈上的聯繫。

戀愛會把一個人的長處和短處全部顯露出來。就算拚了命地硬要把自己的弱點隱藏起來，在戀愛中也無法完全隱藏自我。

有的人因為失戀在苦惱。

他們不去思考「為什麼會如此痛苦」，而只是一味責怪對方。也正因為不肯承認真正的原因，所以不論經過多久，煩惱和痛苦都無法得到解脫。

擁有了「愛人」的能力，便不會再給別人製造麻煩，也就能夠好好活到老。

能夠去愛的人，他的人生就能得救。只要擁有了去愛人的能力，就有辦法活下去。

為什麼我們愛得這麼累

卡倫．霍妮①曾說過，為了讓人生更加豐富、更加幸福，我們追求愛情。然而，精神官能症患者卻因為其他的理由而追求愛情。

佛洛姆②也曾說，儘管存在著大量壓倒性的反例，但認為「再沒有任何事比愛情更容易」的普遍態度，卻一直持續至今。

佛洛姆還說過，既然帶著如此巨大的希望和期待開始愛情，就應該絕對不可能失敗才對。如果是放在其他事情上，我們一定會思考為什麼事實並非如此。

本書正是要直接思考背後的原因，陪伴大家去瞭解隱藏在許多失戀故事背後的心理因素，同時，思考能夠讓自己的人生更加豐富、更加幸福的愛情。

①Karen Horney（一八八五—一九五二），德裔心理學家，新精神分析主義的代表人物。

②Erich Fromm（一九〇〇—一九八〇），德裔心理學家、精神分析學家、哲學家，著有《愛的藝術》等，曾與卡倫．霍妮相戀。

目錄

がんばっているの
に愛されない人
ナルシシズムと
依存心の心理学

目錄

がんばっているのに愛されない人
ナルシシズムと依存心の心理学

第三章 把自卑感與愛情搞混的人 100

目錄

第四章 受傷，讓我們成長 138

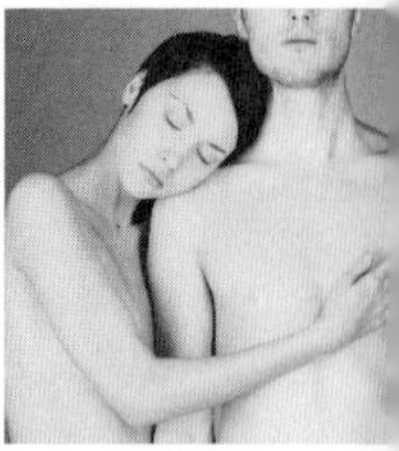

がんばっているのに愛されない人
ナルシシズムと依存心の心理学

目錄

不成熟的人，會希望一切矛盾與問題，都能透過「愛」來解決，當問題無法得到解決，便用「因為愛得不夠徹底」來解釋。

然而，「想被愛」這種欲望是無窮無盡的，不管已經被愛到什麼程度，都不會有滿足的一天。

所謂去愛，就是要從正面承受人生的重擔。

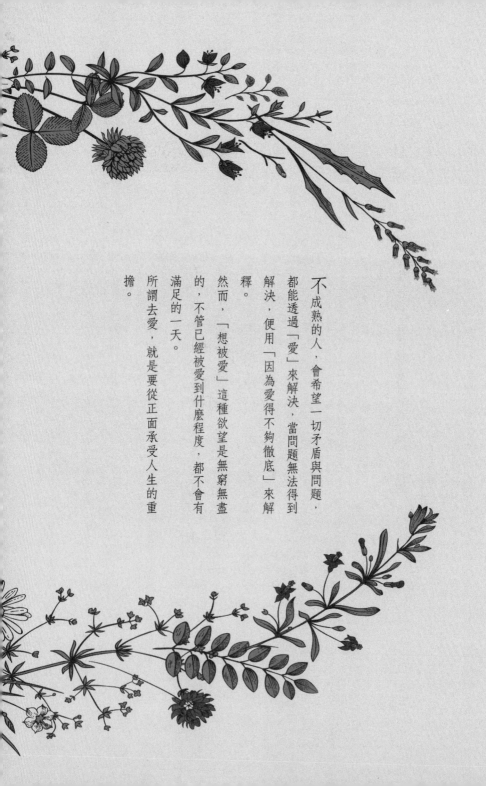

第一章

為什麼戀情總是不順利？

為什麼戀情總是不順利？

他要的不是愛情，而是依賴

這個例子要從戀愛最初的興奮熱潮即將退去的階段說起。

男人第一次收到了女友的情書，這相當於戀人們剛剛開始以手機互通訊息的階段。情書的內容如下：

我配不上你，所以，即使你和其他女人交往，我覺得那也是無可奈何的事。

我把我的一切都獻給你。

我只要遠遠地看著你就已經很滿足了。我愛你。然而你並不需要也愛我，我只要單方面地愛著你，就很滿足了。

從戀人那裡收到了這樣的情書，他的內心十分得意。

接下來，兩人之間的關係發展到了相當深入的階段。關係愈是發展得深入，他反而愈感到有心理負擔。

說白了，他所尋找的是母親，而不是女性。他還只是母親的兒子，而不是一個有擔當的男人。他就是個人格如此不成熟的男孩。

這樣的他，會因為女友說了「請不要有心理上的負擔，你隨便怎麼對我都行」而飄飄然。

而且，他覺得她的愛是徹底的愛，因而開心不已。

但是實際上，會說出那種話的人所謂的「愛」，根本就和「徹底的愛」截然相反。

我會在後文中詳細解說，她這是表現為好意的一種施虐。在「我怎麼樣都沒關係」的這種話裡，隱藏的訊息是「按照我的期待去做」。

精神官能症患者是極其冷酷的利己主義者，同時又極端地忘我。卡倫．霍妮的這段話說得太對了：

「『我只要單方面地愛著你，就很滿足了，』說出這種忘我的話的人，在他們的人格深處，隱藏著極度冷酷的利己主義。」

佛洛姆也說過類似的話：「在忘我這種正面示人的形象背後，巧妙地隱藏著極其強烈的自我中心性。」

時光飛逝，他們兩人間的關係發展到了新的階段，最初的興奮已經完全消失了。和以往不同，他現在和女朋友在一起，會莫名其妙地感覺心情不舒暢。

一旦和女友在一起，他就會感覺像被某種沉重的不滿情緒所包圍。和她在一起感到心情沉重的時候，他總是會找到一些理由來指責她，指責的要點就是她對他的愛，不是徹底的愛。

他所要求的，是像幼兒一樣，不需要負責任的世界。

他漸漸覺得，和其他女性在一起的時候，自己的女朋友很礙事。

實際上，這對情侶是同一家公司的同事，女方在總務科工作。比如偶爾在午休時，他會和祕書科的女祕書們聚在一塊，這種時候女友一旦突然出現，他就會感覺到侷促不安，心裡很不痛快。

此後，兩人單獨在一起的時候，他變得不大說話了。也就是說，他不開心了。

當他開口時，基本上都是在挑女朋友的毛病。他說，男人的工作和女人的工作不一樣，男人要做一輩子工作，很辛苦的，做女朋友的應該理解這一點，兩個人在一起的時候，她必須要讓男友覺得開心。當他因工作而感到心情沉重的時候，女朋友要和男友見面，讓他心情好起來。他認為，這是身為女友理所當然的義務。

他的要求多得沒有止境。

哪怕當時她自己也有些難過的事，仍然必須強顏歡笑，讓男友高興起來。因為和女人比起來，男人面對的社會責任更殘酷，所以女友理所當然要那樣做。

他相信自己這種非現實的要求，是完全合理的。

這種男尊女卑的心理，恰恰顯示了他還沒能在心理上與母親斷奶。

如今，他正因女友沒有扮演好「母親」這一角色而不滿。他認為只要和女朋友在一起，就應該自然而然地感到開心，工作上的一切不愉快全都能徹底忘掉。

他希望戀人能像母親哄小孩子一樣地對他。

當他和女祕書們開開心心地聊天的時候，女朋友絕對不應該出現在那裡。這對女友來說也許會很痛苦，但男人的工作比這些還痛苦得多呢！這就是他的想法。

不僅如此，對其他女人，他稍微幫人家一點忙，對方就會笑著表示感謝。可是，成了戀人、有了肉體關係的女友，竟然把他的好意看成理所當然。總之，最初的興奮已然過去，他和其他女人在一起的時候，比和女朋友在一起更開心。

關於這種心理上的變化，前面所講過男人沒有在心理上與母親斷奶是原因之一。此外，還有一種非常重要的心理因素，那就是我將在後文敘述的「施虐傾向」。

卡倫・霍妮說：「在日常生活中，他們會對周圍的人提出無限高的不實際要求。」

她還說過：「他們試圖將其他人變成奴隸。」

無論這對情侶嘴上怎麼說，在無意識中，他們都對彼此提出了不實際的高度要求。

依賴性強的人，無論怎麼掙扎都得不到幸福

女友說過只要單方面地愛他就滿足了，但男人卻感覺自己沒有單方面地被愛，因此，他十分不滿。

原本以為女朋友的愛是徹底的愛，所以他認定自己的一切不滿，全都是因為女友對他的愛不夠徹底所引起的。

如果她的愛是徹底的，那麼兩人在一起的時候，他應該會很開心，也應該能以更自由的心態與其他女性交往。然而，當他打算和其他女人交往的時候，她要嘛從背地裡，要嘛乾脆正面直接地妨礙了他。

而且，其他女人發現了他們兩人是戀人之後，也不怎麼接近他了。他對這一點也十分不滿。

正因為如此，他認為她不應該公然表態是自己的戀人。

他很生氣。她所說的「單方面愛你就已經很滿足了，我並不是能配得上你的出色女人」，不就是要在暗處默默地愛著自己的意思嗎？

而且他還認為：「對她來說，不是應該沒有比我的工作順利更高興的事了嗎？」換句話說，他認為：「她不是應該為犧牲自我而高興嗎？」

況且，女友在信裡也確實寫過：「我要為你犧牲，成為你背後的女人，為你的成功而喜悅。」

他無法原諒女朋友不按照信裡所說的去做，反而愛管他的閒事。

他要和別的女人自由地交往，自己一時興起再去撩撥女朋友，而她應該為此而高興。他認為，這樣才說明她的愛是徹底的。

女友在信裡也寫過：「任何時候，只要你高興再來找我，我就已經很滿足了。」而且他認為女人徹底地愛一個男人就該這麼做。

然而遺憾的是，儘管那一切都理應如此，可是現實裡，他卻在不滿中度過每一天。

不到半年，他就和她大吵了一場，分手了。

總之，他所認為的「徹底的愛」就像母親哄孩子一樣。他在社會性上、在身體上雖是個成年人，然而在心理上，他還只是個幼小的孩子。

他就是個戀母的人。更準確的說法是，他是個沒有從對母親的固戀中擺脫出來的男人。

戀母男人的程度從輕到重，症狀各有不同。

佛洛姆這樣說：「良性型的固戀於母親的男性，必須要找到能夠安慰自己、稱讚自己，像母親一樣保護、養育及照顧自己的女性。」

換句話說，他回歸到了想要被誇獎、想要被保護的幼兒階段。

他渴望找到能夠安慰自己、稱讚自己，像母親一樣保護、養育及照顧自己的女人，可是，對方卻無法完成這個使命。

這樣一來，會變成什麼情況呢？

他會對女朋友感到不滿。換句話說，就是充滿依賴性的敵意。也就是說，這是對自己依賴的對象產生的敵意。

對於戀母的男人來說，如果能夠找到這麼一位女性，就會因依賴性的敵意而痛苦；若找不到，又會因欲望得不到滿足而痛苦。

佛洛姆曾說，戀母男人很難獲得那樣的女性，因此「很容易陷入輕度焦慮與抑鬱狀態」。

陷入輕度焦慮與抑鬱狀態的人，恐怕會說「就是因為沒有×××，所以我才很不幸」。

然而，這種時候他們所說的「因為沒有×××、沒有×××」，都不是真正的原因。「沒有×××、沒有×××」，是他們解釋自己的依賴性抑鬱反應的藉口。

這樣的男人就算真的擁有了這些，也一樣會不滿。上司無能啦，公司很差勁啦，失業啦，失戀啦，落榜啦，他們會找到對外界不滿的各種原因，然而，那其實並非他們不滿的真正原因。

憤怒與不滿的根本原因是：他們人格的不成熟。

他們要尋找的是個「代理母親」，找不到那樣的女性，他們的心靈就沒有支柱，所以會陷入「輕度焦慮與抑鬱狀態」。

那麼，只要有了戀人就萬事順利了吧？事實卻並非如此。他們會要求戀人「安慰自己、稱讚自己，像母親一樣保護、養育及照顧自己」，而且，通常得不到滿足。

也就是說，他們會對戀人感到不滿。亦即他們「必然」會對戀人懷有依賴性的敵意。

一旦有了戀人，就會對於對方懷有依賴性的敵意，引起依賴性抑鬱反應；可是沒有戀人的話，又會陷入「輕度焦慮與抑鬱狀態」。

佛洛姆認為，固著於亂倫階段的男性——也就是懷有戀母情結的男性，會選擇沒有任何要求的女性，也就是可以無條件地讓他依賴的對象。

換句話說，這樣的女性就是可以讓他不會懷有依賴性敵意的戀人。戀母男人會選擇那種能夠容忍他有兩個女人的女性，那就是「沒有任何要求的女性」。

解決「依賴與敵意」這個心理因素，就能夠得到心理上的成長。換句話說，選擇自己能無條件地依賴的女性，等於是帶著未解決的心理問題尋求生存之道。

不過，世上通常並不存在那樣的女人，所以這種男人一旦戀愛，必然會對戀人產生依賴性的敵意。

戀母的男人無論如何拚命掙扎也得不到幸福。就算能夠獨占世界上的一切財富，就算能夠獨占世界上的所有女人，也得不到幸福。

就算現實中的苦痛完全消失，他也得不到幸福。

因為儘管在身體上、社會性上，他們是成年人，然而在心理上，他們還只是幼兒。

他們渴求的是不實際的、無條件的愛。

在那之後，他又談了好幾場戀愛，結果全都沒能持續多久，因為他想要的只是「被愛」。

被愛是很幸福的，可是對那些只想要被愛的人來說，誰也沒辦法讓他們幸福。想要被愛，這種欲望明顯是一種渴望退化為幼兒的欲望。

而且想要被愛這種欲望是無窮無盡的，不管已經被愛到什麼程度，還是會要求更多的愛。就因為他們的欲望是無窮無盡的，所以不論怎樣地被愛，都會不滿。

困擾著人類的一切矛盾與問題，他們都希望透過愛來解決，而一切沒能得到解決的情況，便用「因為愛得不夠徹底」來解釋。

人不管被愛到什麼程度，想被愛的心都沒有盡頭。愈是想要被人愛，就愈會退化到未成長的心理狀態當中。

也就是說，**想要回歸到最輕鬆的、剛剛誕生時的心理狀態。他們並不是要靠自己的力量活下去，而是想在那種愛當中活下去。**

他們想要退回到不需要負任何痛苦責任的，幼小時的心理狀態，而且認為愛能夠彌補一切。

總是怪在戀人頭上，心理上會比較輕鬆

今天的工作效率沒能達到預期的水準，這種時候，與其自責能力不足，倒不如責怪戀人來得更輕鬆。

工作效率之所以不高，是因為「昨天和女朋友見面時，她沒能充分地讓我的壞心情變好，我們倆光是嘮嘮叨叨地彼此埋怨，所以，我今天的工作效率才不夠好，是她的愛不夠徹底」。

把自己工作效率不夠好怪在女友頭上、責怪女友，這比責怪自己的能力可要

輕鬆多了。

不開心的時候就去責怪其他人，沒有比這更能讓人心情輕鬆的了。每一天都發牢騷責怪其他人，這在心理上是最輕鬆的。

「她對我的愛不夠徹底。」如此責怪女朋友，就可以避免自己去品嘗一個人成長的苦痛。

「都是因為她說了『我會徹底地愛你』，我才肯和她交往的。」像孩子撒嬌一樣地說這種話，讓人心理上十分輕鬆。

一旦退化到幼兒階段，人會尋求完全的輕鬆，因此渴求極度徹底的愛。

換句話說，他所渴求的愛完全是退化的欲望。他想要退回到母親的體內。人在成長過程中品嘗到的苦痛無比沉重，他希望透過愛，從那種沉重中得到永久的解放。

因此，被退化欲望所支配的人，對愛的要求是無限的。

不管被愛到什麼程度，只要他還想要更加被愛，就會有不滿。

他希望女朋友像愛幼小的孩子一樣地愛他。

所以他每天總是感覺有種說不出的不滿。

人的心靈，並不是從一開始就強大到能夠為自己的所作所為負責。一出了壞事就想要怪罪在別人頭上，這固然是不夠成熟的表現，卻也是最真實的心理。

戀母男人想要被愛，也就是說，他們想要選擇一種輕鬆的生活方式，好讓自己未成熟的部分能夠繼續不成熟下去。

想要纏在對方身邊撒嬌，想要因此從生活的重壓下解放出來，這就是他們所謂「想要被愛」的願望。

愛一個人，就意味著要獨立

實際上，一個人只有打算去愛別人，才能夠開始改變自己。所謂去愛別人，就是要走上成長的苦痛過程了。

透過努力去愛，一個人才能夠擺脫自我中心。被人愛，自己可以不必怎麼努力；但是去愛別人卻不可能不努力。所謂去愛，就是要從正面承受人生的重擔。真心地去愛對方的話，是不可能逃避現實的。

想要去依賴其他人，想把責任轉嫁給其他人，想被其他人守護，想要抓住些什麼……把這些一一捨棄，進而變得獨立的過程，就是成長的苦痛過程。

如果想要去愛別人，就必須拋棄想要依賴人的心態，也必須戰勝想要被人拯救的心態。

不從自我中心的世界得到解放，是沒辦法去愛別人的。努力想要去愛，就是從自我中心的思考方式與行動方式中，一步步脫離出去。

從自我中心的思考方式中脫離——也就是從只想著「我這麼痛苦」之中脫離，戰勝痛苦的自己，真正能看得到其他人的存在，這就是愛。

不管自己有多麼痛苦，都能夠不輸給它，不完全沉浸在自己的內心世界裡，這就是脫離自我中心。

不輸給自己的痛苦，不因自己的痛苦而寵慣自己，不陶醉於自己的痛苦，這就是不以自我為中心。

人都是透過愛別人才逐漸得以改變的。透過愛別人，才能讓一個人變得不再以自我為中心。我們都是透過「想要去愛」而逐漸成長。

前面例子裡的男主角，則是根本沒想過要去愛對方，只渴望被愛。因此，他完全是以自我為中心的。

對他來說，所謂的渴望愛，只不過是想要對方接納以自我為中心的他而已。

他是個獨生子，一直被父母溺愛，不管發生什麼事，父母都覺得是其他人的錯。

他從小就沒有被要求過承擔與年齡相符的責任，就這樣，大學也畢業了，進了職場工作。

對幼小的孩子來說，和母親在一起的世界，就是允許自己不負責任，並且能夠得到特別寵愛的世界。

小孩子不管做什麼，都不會被要求承受他幼小的年齡負擔不了的責任，而且還能得到其他人對自己的特別寵愛。在這種令人安心的世界裡成長而確立自我的人，才有可能平等地與其他人交往。

基本上，或者該說本質上，和母親的關係，與戀愛關係是不一樣的。

沒能從與母親的關係中獲得滿足，並從中走出來的人，基本上沒辦法戀愛。

「溺愛」與「正常的愛」之間，有什麼區別？

正常的愛會不斷地鼓勵孩子獨立，會一步步地培養孩子的責任感。如此一來，孩子會變得想要盡快獨立起來，創造專屬於自己的世界。

還有，在正常的愛當中，母親自身也沒有心理上的問題。

因為眼裡只有自己，所以會被欺騙

在前面講的這段戀愛關係中，有問題的並不僅僅是男方，他的女朋友其實也很有問題。

「我只要能做你背後的女人，就無比滿足了。」這種話，本來就不像是二十幾歲的女孩子能主動提出來的。

要是事情早已經發展到了那個地步，再說出「這樣我已經很滿足了」，倒還說得過去。可是，一開始就主動要求做別人背後的女人，這實在太奇怪了。

實際上，這個女孩也只不過是個自戀狂。她只不過是把自己當成無私地獻身於愛的人，並陶醉於此而已。

對她來說，戀愛的對象無論是誰都無所謂。這根本跟對象沒有關係，戀愛原本就是她自己的獨角戲。她只想陶醉於扮演自我獻身的愛情戲女主角，只要有個戀愛對象就行了，無論是誰都可以。

說到底，最重要的是她自己，而不是對方。對方本來就只是讓她成為愛情戲女主角的舞臺道具。戀愛對象本身，她根本一點都不愛。

不過，這麼明顯的事實，為什麼男朋友就看不透呢？當然了，情人眼裡出西施，在愛情的熱度消退之前，往往是看不清對方的真面目的。然而對他來說，還有一個重要的原因不能忽視。

只想要被愛的人，沒辦法看穿對方虛偽的愛。只有在真正打算去愛對方的那一瞬間，才能夠看穿對方所謂的愛的假象。

之所以會這樣，是因為只想被愛的人，眼裡只能看到自己，他們是以自我為中心的。

打算去愛的人，眼裡才能夠看到對方，因此，也能夠看出對方虛假的愛。

常聽說有人在男女關係中受騙。之所以會被騙，大多是因為只想要被愛。因為注意力完全被自己內心的糾結占據了，眼裡並沒有對方。

而打算去愛的人則會認真思考對方的事，會站在對方的立場上，看著對方。因

此，他們很快就能看穿愛的虛偽。

實際上，那女孩還有另一個重大的心理問題：在自我犧牲式的獻身背後，她是戴著這種「愛的假面」的施虐者。

她的行為就是佛洛姆所說的「表現為好意的施虐」，或者要說成是「表現為好意的控制」也可以。卡倫．霍妮也用過「施虐式的愛」這樣的字眼。

而且，如果這種人是迎合型人格，那麼表現出來的方式便會愈發狡猾。

施虐者如果以施虐者的面目登場，對方尚且有對應的方法。然而，一旦施虐者戴著善意的假面登場，對應起來就非常困難。

這裡說的當然不只是戀愛關係，施虐心理會化為各種不同的形式表現出來。

在親子關係當中也是一樣。從「只要你能夠幸福就可以了」，到「可以的啊，只要媽媽忍耐就行了」，母親會用各種話語，間接地表達出她的施虐心理。

這些話語，全都來自母親心底深處的空虛、不安、恐懼、依賴，以及自我價值感的低落等。施虐心理就是以此為基礎而發展的。

而這裡所列舉的話語，就是一個人為了防止自我意識到施虐心理而產生的。

去愛人，就能談一場精采的戀愛

上面所描述的這段戀情，是一個擁有強烈退化到幼兒狀態的欲望、只考慮被愛、眼中只有自己的男性，與一個自認為是自我獻身於愛情悲劇，並陶醉於此的自戀女性之間的故事。

事實上，這兩個人之間根本沒有產生任何連結。

對雙方來說，都是「不管對象是誰都可以」，戀愛只是自己的事。

在他們倆談戀愛期間，公司舉辦了一次旅行。在遊覽車上發生了一個狀況：那個女孩跟其他男人親密打鬧成一團，從自己的男友身邊經過的時候，她也只說一句：「借過。」便繼續若無其事地跟其他男人玩。

這種事恐怕普通人很難理解，甚至讀到這裡，會以為這故事是我編的。

然而，這就是我前面說過的「表現為好意的施虐」。對方的痛苦能夠讓他們獲得某種滿足。

那女孩在自己的戀人面前，和其他男人表現得像情侶一樣，她坐在人家腿上，或者讓人家坐在自己的腿上。那次旅行之後沒多久，她就和其中一個男人發生關係。

然而，就算她做了這麼過分的事，男友還是完全相信她寫在信裡的話。這是因為他太想要被愛了，所以看不穿對方的自戀和不忠貞。

此外還有一點，那就是他把自己內心的願望，外顯到了外部世界。換句話說，透過女朋友，他看到的只不過是自己的願望，而沒有看到現實中的她。

他完全相信女友在信裡寫的「沒有比你更出色的男人了」之類的話，也相信她是發自內心地寫下這些的。

當然了，她確實是發自內心地這樣寫。只不過，她所說的真的是他嗎？不，事實絕非如此。

她在說的並不是他，而是自己。

她只不過是透過談她的男朋友在談自己；透過讚賞他來讚賞自己。她說的，只不過是擁有如此出色的男朋友的自己。

不管對方是誰都無所謂。她的眼中並沒有看到對方，也根本對於對方不感興趣，她只是一直在談論擁有出色戀人、談著精采戀愛的自己。

她每天都給他寫信，但事實上，她只不過是每一天都在無窮無盡地講自己的事。

悲哀的是，男人收到那些信，還以為女友說的是他自己呢！

不管是男人還是女人，要想遇到出色的戀人，就不能只想著被愛，而只能以愛上具體的、現實的對方的心態，去對待異性。這是讓自己不會被騙的唯一方法。

所謂長大成人，就是能夠去談論對方的事。

有些母親會沒完沒了地談自己的孩子。然而這種人談的其實還是她自己，她們只不過是透過孩子在談自己。

一天到晚聊著孩子的話題，會給人一種很關心孩子的錯覺。其實，她們基本上只對自己感興趣。

她們一天到晚地聊孩子，卻從來不聊別人的孩子。

她們也並不關心自己的孩子是怎樣成長的。

她們只是將自己的小孩與自身畫上等號，然後再來談論與自己同一化的孩子。

這就是在談論自己。

從某種意義上來說，這是因為她們唯有透過孩子，才能夠談論自己。

自戀的人，不是因為關心對方才去考慮對方的事。他們不會為了朋友而有所顧慮、關心。

對於社會上的人也一樣。自戀者即使會和派出所的警察、商店街的大叔、街上的老人們打招呼，卻沒有真正把他們看在眼裡。

自戀的人會為了讓別人對自己有很好的風評而打招呼，但他們不會為了真正的溝通而去那樣做。

就算他們會為別人擔心，也並非出於對他人的關心，而是為了讓對方覺得自己很好。

他們會關照別人，但說到底終究完全是為了自己。為了讓對方覺得自己很好，所以才關照對方，並不是為了對方而去那樣做的。

這兩個人的愛情經歷無疑是病態的例子。

女方除了是個重度的自戀者之外，還有極強的依賴心理。弗莉達・佛洛姆－萊克曼③曾說過，自我犧牲式的獻身，是極強烈的依賴心理的表現。

而男方則重度地固戀母親。

然而，**在現在這個時代的愛情關係當中，本質上和這個例子相同的男女實在太多了，只不過內心病態的程度沒有這麼嚴重而已。**

這兩個人為什麼會相互吸引呢？那是因為他們倆在心理上都生了病。由於自己心理生病了，所以也會被同樣的人吸引。

正如序言中所寫的，有心理疾病的人，會被有心理疾病的人吸引。

心理上生了病的人，沒辦法和心理健康的人建立人際關係。甚至可以說，他們逃避和心理健康的人產生人際關係。

一接近心理健康的人，他們心理上就會變得很恐慌。

③ Frieda Fromm-Reichmann（一八八九—一九五七），新精神分析學派代表人物之一。

像故事中那樣的男性，不會對母親以外的人敞開心扉。他之所以會變得恐慌，是因為一旦親密起來，緊閉的心靈就不得不為對方打開了。恐怕無論是對「他」或對「她」來說，雖然有那麼一位稱之為「母親」的陌生人存在，卻從來沒有過可以敞開心扉的母親，所以他們倆才無法得到心理上的成長。

和自戀的人結婚，就算離婚了也會不幸

自戀的人，總會源源不絕地出現不知所以的不滿情緒。因為他們總是有所恐懼，會做噩夢。

在他們的心底深處流淌著的是恐懼感。

所以他們會以對自己有利的方式來解釋現實世界。他們沒有如實地接受現實的能力。

在解讀現實時，對他們來講有一個大前提，那就是「我是非常出色的人，我

是從不會犯錯的人」。

在這種大前提的基礎之上，他們將所有的現實重組起來。

一旦有了喜歡的人，他們會覺得對方也必定是愛著自己的，而且對方應該會稱讚自己。

就算對方沒有笑，他們也覺得對方笑了，並且把這解釋為「因為他喜歡我」。此外，還會認為「我們倆是一對戀人」。

因此，被自己看上的男人要是和其他女人一起走，就會認為是「被背叛了」。有時會覺得自己是被人背叛的可憐女人，有時又會覺得「他這是在考驗我」，或認為「他真可憐，明明喜歡的是我，卻被其他女人糾纏」。

自戀的人到底怎麼想，完全看當時怎麼樣解釋最能讓自己心裡舒服。接下來，她可能會鬧著說自己為了他，竟然成了這種女人！或者打算進行報復，又或者認為自己是能夠像天使一般原諒對方的女人，並進而自我陶醉。不管怎麼說，她們都會採取讓自己心裡舒服的行動。

有的男性因為這種自戀的女性吃了苦頭而逃離，也有一些男性錯誤地和她們結了婚。

當然世上也有這麼自戀的男性，在此只是剛好舉了一個自戀狂女人的例子，但絕不是說只有女性才會是自戀狂。自戀狂男人在心理上也是和自戀狂女人一樣的。

和自戀狂女人結了婚的男人，悲劇會一直延續到最後。

有個自戀狂女人很容易喜歡上其他男人，並且會發生肉體關係。然而就算是這種時候，她也認為是因為丈夫對自己太冷淡，所以自己才違背本意做出那種事，自己是個可憐的女人。

或者，她會不以為意地認為，自己原本沒想那麼做，只是拗不過其他男人的強硬要求而已。

當然，她也並不總是這麼想。只是在邏輯說不通的時候，她會對自己說出這些藉口，開始自我辯護。

一般來講，當丈夫不在的時候，她和別的男人發生肉體關係，並不會感覺自己的行為有什麼不對勁。對她來說，甚至連藉口都不需要。

人只有在有愧於心的時候，才會需要藉口。

但這名自戀狂女人根本沒有這種愧疚感，所以會不斷無動於衷地和男人發生關係，對此並不覺得有什麼不對勁。

甚至有時當丈夫回家之後，外遇的男人也仍然在她家裡。因為她實在太坦然了，所以丈夫根本想像不到妻子和這位男客之間會有那種關係。

有時候還會有另一位男客偶然到訪，她則滿不在乎地和丈夫以及兩個男朋友，四人一起在客廳裡喝茶。

她並不認為自己在撒謊

一般人會覺得，竟然看不穿這麼自戀的人，實在太奇怪了吧！然而，對於與自己完全不同的人的行為方式，我們是沒辦法如此簡單去理解的。

而且，如果問心有愧的話，人的行為會表現出某些不自然。但是她完全沒有愧疚，所以也完全沒有不自然之處，因此，沒辦法很快發現她的自戀。

等到丈夫終於覺得有些怪怪的，已經過了將近一年了。在發現她有問題之後，漸漸地，很多事情都明朗化了，有些事讓她丈夫十分愕然。

他們當然也曾鬧到要離婚。不過對她來說，鬧離婚也不過是嘴上說說而已，只不過是讓她自己成了愛情戲裡的女主角。

雖然提出了要離婚，但她其實完全沒有想過真的要離婚，所以對她來講，鬧離婚根本沒有什麼真實感。「我是個可憐的女人」，她甚至自虐性地很享受這齣連續劇。

因為她總是活在想像的世界裡，所以對現實的世界沒有感覺。這就像當某個邪教組織出了事，經常會聽到一種解釋，就是邪教成員沒有現實感。

這些人會把小說裡的情節和日常生活混雜在一起，就像她會把小說主角和自己畫上等號一樣。對她來說，那些事都沒有發生在自己身上，完全事不關己。

第一次鬧到要離婚的時候，她的內心幾乎完全不為所動。這時候，做丈夫的還沒有認清她自戀的真面目。

夫妻倆當時就決定要分財產，丈夫把能換成錢的東西全都交給了妻子。存款也好，什麼也好，她都全盤收下，卻完全不改變以往的生活態度，因為有了錢，所以就給自己買昂貴衣服之類的，隨便花錢。

丈夫再次向她提出離婚的時候，她卻一副「啊？這件事我還頭一次聽說」的表情，這也讓丈夫再次震驚。

不久，兩人分居了。這種日子持續了一段時間之後，又出了其他狀況：妻子和一個無良律師有了關係。

受了那個無良律師的教唆，她告訴丈夫：「離婚的原因都在你，所以你得給我贍養費。」

已經分居了好幾年，所以雙方發生什麼事都不稀奇，不過有意思的是，這位妻子說出那番話時，完全不認為自己在說謊。

經過了許多年的獨自生活，想要再繼續自我欺騙下去也很難，連她也覺得這次恐怕真的要走向離婚了。但這一回，她又開始認為離婚的原因是丈夫和其他女人的關係。

這實在讓人沒辦法開玩笑說：「你八卦雜誌看太多了！」這就是自戀狂的可怕之處。

在分居中，丈夫好像確實和其他女人交往過，但是被人恐嚇說這就是離婚的原因，也實在令人震驚。當然，他原本就打算把全部的財產都給妻子，所以在這一點上倒沒有很驚訝。

看到妻子那樣不忠於婚姻的行為，他原以為自己已經認清自戀狂的恐怖了，但是，看到她真心相信離婚的原因是來自於丈夫本人的男女關係，再次讓他震驚不已。

自戀者會做出對自己有利的解釋，並深信不疑

自戀的人是自我欺騙的天才。這裡所謂的天才，是指他們意識不到自己在自我欺騙。

他們會對現實做出對自己有利的解釋，並且對此深信不疑。

有著亂七八糟的男女關係，讓和自己有肉體關係的三個男人都在同一個房間裡喝茶，她卻完全不以為意。說起來，恐怕會讓人覺得這女人不正常，或者認為那三個男人都是蠢貨。

然而，這樣的人，並不是特例。她只是偶然得到機會，能夠把自己的本質外顯

出來而已。

就算是她，也怎樣都不可能忘記自己遊戲於男人之間的事吧。可是，她竟然能夠把那些事與離婚的原因分開考慮。

她能夠把自己身邊的事物，按照對自己有利的方式分開使用，並且不會費心發現這之間的矛盾。

幼兒渴求無條件的愛，而能給予這樣的愛的，是母親。然而長大之後，不可能再像幼兒一樣尋求無條件的愛與讚美。去愛一個渴求著無條件愛情的人，這是不可能完成的任務。

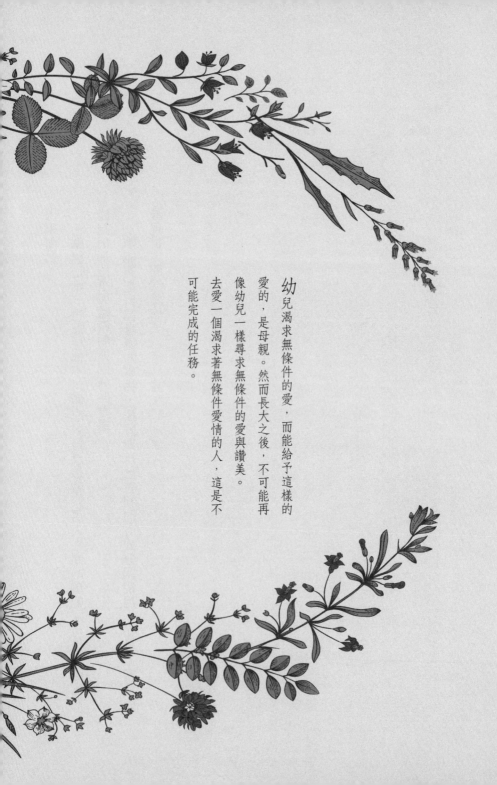

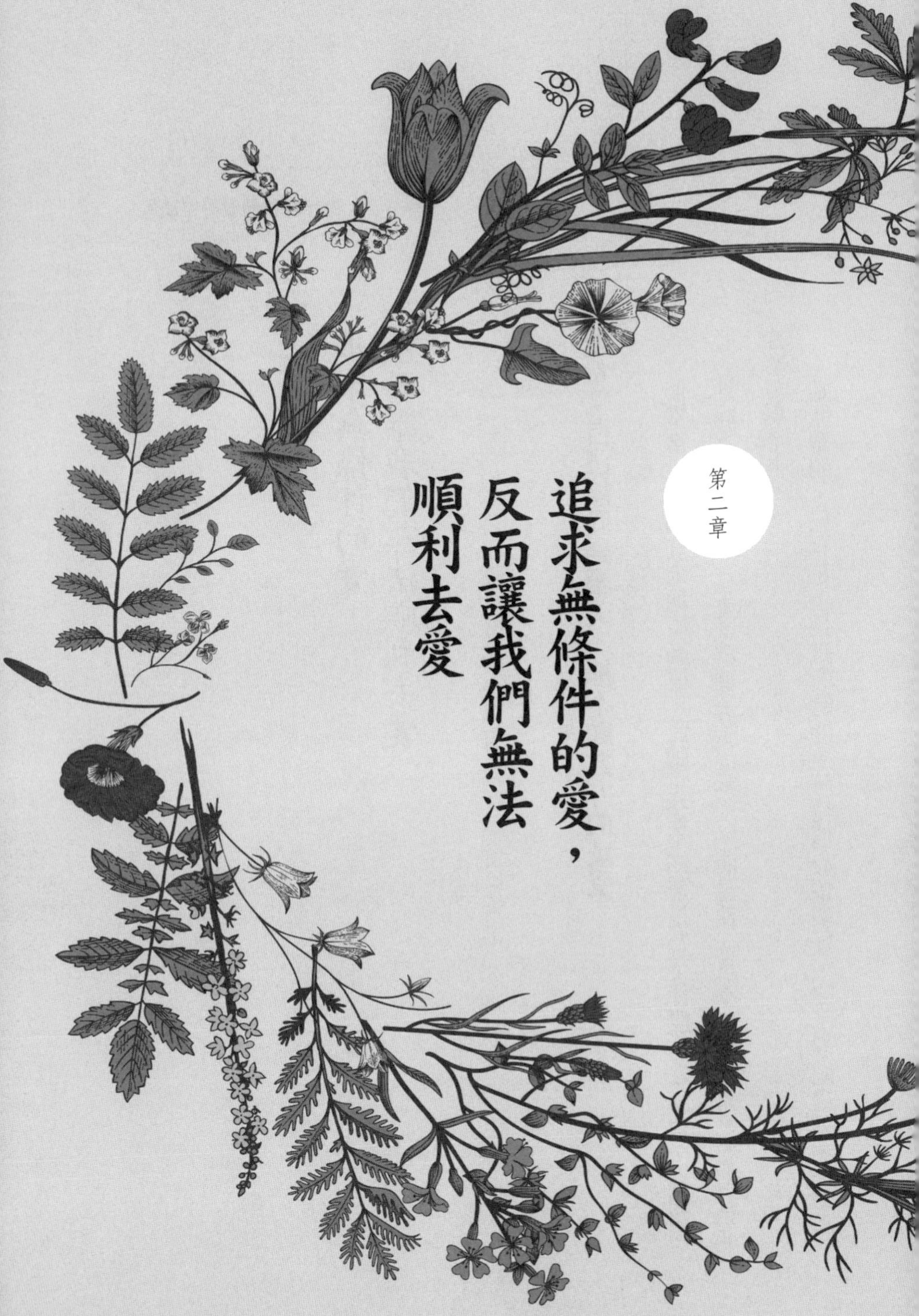

第二章

追求無條件的愛，反而讓我們無法順利去愛

追求無條件的愛，反而讓我們無法順利去愛

總希望自己能受到讚美，卻不顧對方的感受

他常常會突如其來地不高興，而她完全不知道是為了什麼。之前還一直開開心心地聊著天，突然一下子就繃著臉沉默了。而且他一旦不高興起來，心情就怎麼也好轉不起來。

她能做的，只有花上長長的時間，等待他心情變好。除了忍耐之外，什麼也

做不了。

就算問他不高興的理由，他也絕對不會說。

他平時總是很開朗，對人很親切，而且他還很喜歡請客。

只不過，他原本是高高興興的，可是心情會一下子變差，這一點實在讓她一籌莫展。

有一次，兩人去逛街，走進了一家高級服裝店。這時，有另外一對男女進了店，二話不說地買了東西就離開。

她笑著說了一句：「有錢人真好啊！」結果，那一瞬間，他就不高興了。

當時，她自己心裡也覺得「完蛋了」。果然就像往常一樣，他本來高高興興的，一下子心情就差到極點。

但和往常不同的是，這一次，他猛烈地攻擊她的人格，怪她缺乏正義感。

不過，透過這件事，她開始朦朦朧朧地理解他突然不高興的原因了。

雖然恐怕他自己一直沒有發覺，而且不同事件的程度上也有差別，但他或多或少都是因為這種事不高興吧！

換句話說，她模模糊糊地感覺到了他內心深刻的無力感。

對他來說，能夠從這種無力感中保護自己的唯一方法，就是尋找優越感。

前面寫過，他很喜歡請客，目的就是想透過請客讓對方欣賞自己。讓別人高興，這能使他感受到自己的存在。

對他而言，「喜歡請客」這件事，正顯示出他的沒有自信。

其實他女朋友也很討厭之後進店的那兩個人，男的看起來像個腦滿腸肥的房地產公司老闆，而那個女人穿著花稍、化著濃妝，看起來像是酒店小姐。

倒不是說做陪酒的工作就一定不好，只是她從那兩個人身上完全感覺不到知性與教養。

她說「有錢人真好啊」是半開玩笑的，而且這話裡頭更有慶幸他並不是那樣的意味。

然而，這麼一句話卻嚴重傷害了他自戀的心靈，讓他一下子變得不高興了。

比起自由受到侵害或者自己的主張受到威脅，對他來說，自戀的心情受到傷害的問題更嚴重。

對他來說，自己是非常優秀的人。只有自己優秀，其他人都不怎麼樣。

就算自己已經很優秀，可是如果別人也優秀，他就會很不高興。

這種人格上不成熟的部分一旦受到刺激，他就會突然心情變差。

別人受到稱讚，會讓他莫名地感覺自己的尊嚴受到了傷害。對他來說，別人受到稱讚，這件事一點也沒有意思。

得到稱讚的必須只有自己一個人，否則就會不高興。如果只有自己一個人得到讚美，光是這樣他就開心得不得了了。

就是因為如此，他才會因為短短的一句話就興高采烈，也會因為短短的一句話又一下子心情變差。

那麼，他平時的開朗又是從何而來的呢？

那只不過是一副假面具，為了掩蓋他那由自卑感而產生的嚴重憤怒與不安而已。

心情無法立刻變好的原因，以及他們的「正義」

自戀狂的特點之一，就是會心情突然變好，又突然變差。特別是戀人這種對自己來說非常重要的人的每一句話，都對他們的心情起著決定性的作用。

他所渴求的是無條件的愛和無條件的讚美。愈是人格不成熟的自戀狂，愈是會為自己受讚美而欣喜，為其他人被稱讚而不高興。

無條件的愛，是母親對孩子的愛。

他在內心深處所渴求的是無條件的愛，卻求之不得；在內心深處渴求無條件的讚美，同樣也求之不得。

幼兒渴求無條件的愛，而能給予他無條件的愛的，是母親。然而長大成人之後，他不可能再像幼兒一樣尋求無條件的愛與讚美。

他之所以總是不高興，就是因為他沒辦法直接說出自己不滿的理由。心理狀態不成熟的人，有個重大的問題，就是無法直言不諱地說出自己的內心話。

小孩子可以直接說出自己真正的想法，當然他們也並不是完完全全地表達自己的內心，但是如果一件事沒意思，小孩子能夠比大人更直白坦率地說：「沒意思。」

一方面渴求著母親般毫無條件的愛與讚美，另一方面又想斬斷與自己母親間的羈絆，這就是青春期。

他一方面在整體上追求獨立的人格，但在現實中，不依賴他人又無法生存下去。

既想尋求獨立，又不能斬斷幼兒般的依賴心理。

內心裡，兩種截然相反的願望直接碰撞到一起。

在現實中，他渴求無條件的愛與讚美，是個人格不成熟的人；而另一方面，卻又憧憬著更獨立的人格。

自己所憧憬的成熟人格與現實中的自我之間，存在著差距。

因此，一旦他因為自戀心理受傷而不快，心情就很難好轉。

之所以會如此，是因為他沒辦法對女友訴說自己不開心的原因。礙於面子，他沒辦法坦然地說出口，同時也無法明白說出他到底希望女友為自己做什麼，因為他沒辦法用自己真實的理由來責怪她。

他想要成為一個人格高尚、氣度非凡的人。

所以，他沒辦法直接對戀人說：「你誇別人，我就不高興。」不能把自己人格上的不成熟明明白白地說出來。

他想展現給戀人看的自己，是個不會被這點小事所傷害的，氣度寬大的人。然而，現實的他卻是人格不成熟的。

這之間的巨大鴻溝，他只能以強詞奪理來掩蓋。

如此一來，懊惱和自卑感，就只能戴上愛與正義的假面具後才能登場。

而當強詞奪理也掩蓋不了這種鴻溝時，他就只能不開心地沉默了。

在服裝店裡遇到那兩個人時，他用冠冕堂皇的理由譴責他們和自己的女朋友。

「現在這個社會太不像話了，蠢貨那麼有錢，認真而優秀的人卻沒錢！」他激烈地譴責，對於這種社會不平等的現象，戀人竟然不會感到憤怒。

「那兩個傢伙是豬！蠢豬！不要臉！」他用盡各種話語罵那兩個人，同時也歇斯底里地責怪並沒有對他們感到憤怒的女朋友。

他所主張的正義，正是卡倫．霍妮所說的「應報式正義」（retributive justice）。那只不過是將懊惱偽裝成了正義罷了。

所謂應報式正義，聽起來像是對原本該被報復的對象進行報復，其實並非如此。

他沒完沒了地指責女朋友，但其實「她」並不是問題的核心，問題的核心是：他因為自戀的願望遭遇挫折而引起的憤怒。這種心靈的創傷不癒合，他的情緒就不會恢復。

他之所以沒完沒了地指責她，目的並不是要她悔改，而只不過是想要找回失去的自我平衡而已。

他的心情能不能變好，和女朋友會不會悔改完全無關。

雖然歇斯底里地憤怒到了如此地步，但他在生活的其他方面，卻完全不會為現代經濟制度所造成的不平等而憤怒。

這正說明了，這種歇斯底里的指責，只不過是他因自戀得不到滿足而引起的不開心而已。

幼稚的人的自戀心理受傷的時候，憤怒是非常激烈的。

既然都那麼激烈地說出「蠢豬」、「不要臉」了，多少也該關心一下政治吧！但他卻對政治完全漠不關心，選舉的時候也沒去投票。

標榜正義感、譴責現代經濟狀況的不平等，這些舉動不會傷害「高尚的人格」，所以他只不過是以這種形式來發洩不滿而已。

他只不過是舉著正義的盾牌，來發洩自己積鬱已久的憤怒。

如果說出「讚賞別人我會不高興」，就會傷害自己高尚人格的形象。

他以正義感來掩蓋自己現實中的低層次願望與自己所追求的崇高人格之間的鴻溝。而正因如此，青春期的精神狀態和現實生活缺乏一貫性。

這種正義感，就是我前面說過的「應報式正義」。

不過，這種情況將來必須要想辦法解決。逐漸克服自己的這種自戀心理，才是愛。

從渴求無條件的愛的自己脫胎換骨，轉變為能夠愛別人的自己，這就是走向成人，艱辛而漫長的旅程。

分手，也是讓人成長的一種愛

沒過多久，女友就和他分手了。事情鬧到這種地步，也算是件好事吧！只要他總是在尋求無條件的愛與讚美，不打算從自戀心理中蛻變而出，那麼除了分手以外，恐怕沒有其他的解決辦法。

如果他還是不努力改變現實的自己，不努力成長起來，總以「應報式的正義感」來掩蓋差距，那麼，不管是哪種人際關係，都絕對不會是平等的人際關係。

一說到平等，我們總是會想到對其他人的要求。然而，「平等」這個概念，也要求我們自己的成長。

假如不克服自戀心理，那麼包括戀愛關係在內的所有人際關係，都只能是母親與幼兒之間的關係。

提到愛情，人們往往會聯想到粉紅色的美夢。然而，愛情其實是個殘酷的試煉場，人要將束縛自己心靈的羈絆，一個接一個地斬斷。

女性雜誌上，有時會刊登如何順利地與戀人或另一半相處的內容。刊登這些內容倒是無關緊要，然而，其中大部分都是以指導性的觀點，教導女性如何不讓男方的自戀願望受挫，例如：不能得意洋洋地誇獎自己的父親啦，就算是親哥哥也不能說他很優秀啦等等。因為這些話題對自戀狂來講是極其不愉快的，所以如果經常談論這些話題，就肯定沒法順利、愉快地和他們交往了。

這些建議都是在告訴人們：「你就接受他的自戀吧！」

所謂接受對方的自戀，其實否定了兩個人之間健康的人際關係。

儘管如此，這些雜誌裡，依然只傳達了該怎麼樣能夠不傷害自戀者的感情。

和自戀的人，是沒辦法建立健康人際關係的。

去愛一位渴求無條件的愛的男性，這簡直是不可能完成的任務吧！我們所能夠做的，就是祈禱著對方能夠成長，同時與他分手。

或者真正下定決心：「我要當他的媽媽！」

自戀的人，不到決定性的地步，都會不拿別人當回事，只會一直說漂亮話。

然而，到了決定性的那一刻，他們就會暴露出一切的醜惡，抓住對方不肯放手。

決定脫離玩偶軀殼時，也就是人格成熟的女性為愛做出決定的時刻。

偏見是憎恨的偽裝

他真心相信她是天使一般的優秀女人。他已經二十九歲了，到了二十九歲這個年齡，應該已經有過很多感情經驗，多少該有些理性了。

然而，他卻相信她宛若天使，他完全變成了戀愛的俘虜。一個人談戀愛的時候，常容易認為自己的那個「她」是世界上最美好的人。不過，也只有在年輕的時候會這麼認為，等到差不多三十歲了，就會覺得自己的戀人也和其他人一樣，都是普通人。

不僅如此，更應該明白，**正因為發現戀人是普通人，才會希望可以彼此鼓勵、彼此扶持，一起逐漸成長。而這點，才恰恰是戀愛的寶貴之處。**

二十九歲了，該能夠理解這樣的可貴了。

然而，雖然已經二十九歲了，他卻仍然把自己的戀人當成神。

他的女朋友是位出身清寒的美人，兩人是在很偶然的情況下結識的，他卻一下子傾心於她。

其實在與她陷入熱戀之前，他也有過戀愛的經驗，當時的對象是某個中小企業的千金。她家的公司不小，不過也算不上是大型企業。

身為老闆的父親，想盡辦法地要把女兒送入上流社會。

而他只是個平凡上班族的兒子，也沒有走上知名大學、知名企業的精英道路，所以前女友的父親當然會反對他們交往。

前女友大學畢業的同時，她的父親就逼著她去相親，硬生生地把他們倆拆散了。

他恨她和她的父親，恨到有些不正常的地步。

同時，他也在心裡強烈地譴責那些有錢人，認為他們的一舉一動只在乎利害關係，完全無法理解人的心靈之美。

不過，這種憎恨的程度之強烈，反而顯示出他是多麼被她吸引。

他對有錢的女性全都極度不信任，已經到了只要對方說是有錢人，他就無論如何全都無法信任的地步。

相反地，他認為窮人家的女孩，只因為「貧窮」這一點，就說明她擁有美麗的心。

這種偏見，正是他的憎恨偽裝而成的。

也就在此時，這位出身清寒的美女出現在他面前。

在他內心正因為不信任某個女人而痛苦的時刻，她出現了。他的家庭和他自己大致都算小康，所以他過去所接觸過的女人基本上也差不多。

而這一次，遇到的是以往完全沒接觸過的女性。

單單這一點，對他來說就是極度新鮮的。他覺得因為她，自己對女性的不信任感迅速地被治癒了。

「我因為遇見了你，才變得能夠相信人了。」他總是這麼對她說。這一點，讓他非常幸福。

「這世界上還有如此優秀的女孩啊！我以前接觸過的女人，都是多麼微不足道，多狹隘啊！」他甚至開始覺得自己的世界也變得更大了。

約會的時候，她比約定的時間稍微早到了一會兒，他就忍不住覺得有錢的女人可不會這麼體貼。而每每此時，他就愈發覺得她可愛。

所謂偏見，是指「把一根針那麼小的事實，解釋成棒子那麼大」。

隨便送給她什麼小禮物，她就很開心，於是他又覺得，她和有錢的女人不一樣，「多麼懂得感恩啊」，因此更加崇拜她。

有錢的女人很醜陋。貧寒的女孩因為要忍耐悲慘的人生，所以多美麗！工作能夠讓人活得真正像個人，有錢的女人什麼都不幹，還過著奢侈的生活，真醜陋。他覺得她簡直美到極致了。

而後他終於確信她是個天使，不久，兩個人就結婚了。

按照奧爾波特④的話來說，偏見是「沒有充分的證據，就認為別人很壞」。此外，「一旦給予頂針那麼一丁點大的事實，就會將其一般化到桶子那麼大。」人往往直接把一件很小的事實一般化。奧爾波特把這種現象稱作「過度一般化」。

總之，他把有錢人解釋為惡的；而相反地，把她瑣碎的言行都誇張成善的。在他自己的心裡，極力強調女友的那些瑣碎小事，用這些瑣碎的小事來解釋她整體的人格，認定「那個人就是天使」。

而更為重要的是，「偏見從根本上來講，是人格的一種特性。」

奧爾波特說，這種偏見的人格，基礎在於不安感。

他的人格基礎正是基本的不安感，所以他才希望有證據，證明她是天使。

他沒有面對她「實際面目」的勇氣。

無法認同彼此的缺點，釀成悲劇

雖然兩人是由熱戀發展到結婚的，可是不到一年，他們之間就變得奇怪了。

他不斷地感到對她失望。由於兩人以往生活習慣不同所造成的分歧，讓他變得焦躁。

以前在他家，晚上吃完飯以後，母親會把桌子收拾得乾乾淨淨。然而結婚以後，她晚上常說「今天懶得弄了」，碗也不洗，到第二天早上，餐具上都結了硬塊。

她對此絲毫不在意，但他卻介意得不得了。

這種過去生活習慣的差異，在每一段婚姻中都會出現。然而，如果兩人彼此能把對方當成普通人來相愛，就可以戰勝那些差異。

但如果彼此不承認對方是普通人，沒有在這種基礎上相愛的話，又會怎麼樣

④ Gordon Allport（一八九七—一九六七），美國心理學家，人格心理學的奠基人，曾任美國心理學會主席。

呢？這些生活上的分歧，就會變成兩個人溝通的巨大障礙。

他的熱情迅速冷卻了。不僅如此，他甚至覺得她變得令人生厭，對她與他的生活習慣差異也一一計較。

最後，兩人終於鬧到要分居的地步。

因為要分居，金錢上的開銷變得很大。

他除了在公司上班拿薪水之外，還學了校對的技術，星期天或平日的晚上，會兼差替小出版社校對稿件。

對於身體狀況並不特別好的他來說，這樣工作非常辛苦，他變得面色蒼白，漸漸失去了活力。

然而，他卻覺得不管這樣拚命工作有多辛苦，也比再和她一起生活要好得多了。

如果和她一起生活，就不需要再這樣臉色蒼白地去兼差。

可是他已經覺得她很噁心了。

在離了婚的人的日記裡常看到這樣的描述：聽到丈夫回家走到玄關的聲音，光是如此，就讓自己覺得很噁心，全身都起了雞皮疙瘩。他看到那些文字，覺得

「沒錯，沒錯，就是這樣」。

自戀的人，無法站在對方的立場看問題

那時，他常常收到她的來信，信裡面寫的不是「咱們再一起生活吧」，而是寫滿了對他的不平與不滿。

每一封信的最後，都寫著：「分居以後，你倒是自由了，一個人輕鬆自在，你知道我有多痛苦嗎？」而且她似乎是真心這樣認為的。

這就是我前面說過的，自戀狂式的思考方式。他們並不理解對方的現實情況，他們所能考慮到的只有自己。自己很痛苦，而其他人卻過得很舒服，他們只能這樣思考事情。

自戀狂沒辦法站在其他人的角度看問題。如果她能夠站在他的角度看問題的話，應該能夠明白，他並沒有一個人輕鬆自在。

在這個時代，一個上班族每個月都要付出一定金額的贍養費，這可不是一件

簡單的事。然而，她卻不明白這些。

「你倒是一個人輕鬆自在了，可是我卻……」這樣的話語，讓因為辛苦兼差而面色蒼白的他愈發憎恨、厭惡她了。

出於責任感，他仍然繼續付給她贍養費。每個月匯錢給她的時候，他都悶得不得了，可是仔細想想，那總是他自己選擇的妻子。並不是誰求著他和她結婚的，是他自己熱情地愛上了她，和她在一起的。

悶歸悶，每次匯款的時候，他回憶起過去的自己，都覺得簡直無法相信。那個時候怎麼會對那種女人如此迷戀呢？每當想起來，他無論如何都無法理解自己。

當時他真心地認為她是像天使般的女人。他對她確實曾有過無比熱情，絕對不是說謊。

然而說實話，他完全沒有愛過她本人。讓他燃燒起如此熱情的，絕對不是她本人。

讓他熱情燃燒到如此地步的，是他對甩了自己的前任戀人的怨恨。能夠因怨恨而產生如此不正常的熱情，這說明他也一定有某些人格上的缺陷。

他被怨恨沖昏了頭。而這樣的人，無法正確地做判斷。

他們被自己內部的怨恨蒙住了雙眼，沒辦法原原本本地接受外部世界。

欲求不滿的人不能正確地理解外在的現實，他們會誤以為自己內心的經驗，就是外部世界的經驗，誤以為自己內心產生的感情正確地表現了外部世界。

被怨恨沖昏頭的人，會誤以為自己內部的經驗，能夠正確地代表外部世界。

他們沒有將自己的內在世界與外在現實區分開來，把兩者當成了同一件事。

他心中有怨恨，所以在自己的內心，新戀情只不過是對拋棄了自己的女人復仇。

正是這種復仇的能量，讓他對新戀人讚不絕口。這是怨恨的能量，而非愛的能量。

愛的能量並不像怨恨的能量那麼激烈。愛的能量更加安靜，並且是持續性的，可以說，愛的能量是靠意志持續下去的。

他的眼中根本沒有看到她。對他來說，最重要的事就是要對拋棄了自己的女人復仇。

他並沒有看到外部「現實中的她」，他只是誤以為自己內心的「理想女性」

就是她而已。

他只不過是透過她，看到了自己的內心。

為了讓因怨恨而失去平衡的自我恢復原貌，他只是需要在自己的內部世界裡有那樣一個女人，如此而已。

他只是愛上了自己內部世界裡的那個對象。這完全像是高中生談戀愛，把自己理想的形象與現實中的對方混為一談，是一種幼稚的戀愛。

二十九歲的男人一旦被怨恨沖昏了頭，在心理發展階段上來說，就和十五歲的高中生完全沒兩樣。

實際上，這一對戀人，一個人被怨恨沖昏了頭，另一個人則是自戀狂。

當兩人完全置身於愛情的熱焰中時，曾經沒完沒了地交談、寫信。

然而實際上，他們兩個人之間根本沒有任何交流。兩人都不是在和現實中的對方交談，而只不過是在和自己內在世界中虛構的人談話而已。

心理上有缺陷者的特徵之一，就是無法和現實中的其他人進行交流。當情感上出現障礙的時候，他們就會無法和現實中的人交流。

這兩個人都生活在與現實世界毫無聯繫的「想像世界」中。

戀愛關係是一種信賴關係。

虛偽的戀愛總是要說：「我是如此地愛著你！」然而，那全都是謊言。

真正的愛情並不需要過激的話語。

愛無能的人，總是喋喋不休地說出無心之言，反而更無法真正去戀愛。

關於愛情，在電影和書裡需要言語，要講解它需要言語，愛情的長篇大論裡需要言語，然而，愛情本身卻不需要言語。

讓我再說一次，愛情本身並不需要言語。

因為彼此都很不安，所以才會不斷地說「愛你」這樣的話。他們打算透過這樣的話語，來促成戀愛的現狀。

即使一直等待，也無法得到幸福

愛人之間常常會說：「我要給你幸福。」

尤其是男人，對女友說了這種話，就會感覺到精神大振。

而女人呢，聽男友告訴自己：「我會讓你幸福。」「我要給你幸福。」就覺得自己是被愛著的，覺得很幸福。

然而，幸福原本就該是靠自己得來的東西，不能從其他人那裡獲得。人，既不能靠他人的力量變得幸福，也不會單單靠他人的力量就變得不幸。說到底，幸福只能靠自己得來。《美國獨立宣言》裡說，人有追求幸福的權利。的確沒錯，幸福是人的權利。

但是說到底，也得是靠自己去追求幸福。

而當自己變得幸福之時，也有獨立的意味。

換句話說，「獨立」與「追求幸福」很難完全分開，兩者之間是緊密相關的。

「我會讓你幸福」這種話，其實只是說明他看不起對方。

不認可對方有獨立的人格，只覺得對方非常弱小，必須依賴自己。有這種想法的人，才會跟對方說：「我會讓你幸福。」

而有些女性聽到這種話就會開心滿足得不得了，感到一陣幸福襲來。

可能有的人會說，既然男人講了「我會讓你幸福」可以精神大振，女人聽了這種話又確實覺得很幸福，那麼，說這種話不是也挺好的嗎？

然而，光是聽到這種話就感到滿足的女性，有了孩子以後，便很容易束縛住孩子。

到了五十歲、六十歲時，她們會常常干涉別人的生活。有些人會沒完沒了地替其他人作媒，有些人會干涉、甚至破壞兒女的戀愛關係，有些人還會絮絮叨叨地抱怨老伴。

年輕時做過的事情，到老了都會徹底現形。

老來因孤獨而痛苦的人們

年輕時，處在對成長的渴望，以及對回復到幼兒時期的渴望這兩種擾人的矛盾中，假若順著自己想當回孩子的渴求來過日子，這樣的人到老了，每一天都會在滿口牢騷的不快中度過。

上了年紀還很容光煥發的人，都是年輕時主動選擇讓自己成長的人。

聽男人說「我會讓你幸福」時並不那麼高興的女性，上了年紀以後，大概也能過著對她來說還算快樂的生活吧！

她們不給別人添麻煩，能夠自己學點什麼、做點運動，直到生命的最後，活得都很有意義。

老來每一天過著孤獨、痛苦日子的女人當中，恐怕有一些就是年輕時，聽到男人說「我會讓你幸福」就得意洋洋的人，有一些人則縱容了一聽到這種話就高興的自己。她們是有強烈依賴心理的人。

說得極端一點，「我會讓你幸福」其實是非常不適當的話。

而且，說出「我會讓你幸福」這種話的人，其實內心恐怕藏著希望對方感謝的想法呢！

會說這種話的人，基本上也都會說：必須要感謝能讓我們結婚的父母；必須要感謝養育我們的人。

這些鼓吹「必須要感謝」的人，實際上並不一定真的在感恩。真心感恩的人，會把這種感情珍惜地保存在自己心底深處。

理想戀人的真相

我們常常會描述自己心中「理想的對象」有哪些條件。然而仔細想想，當我們說「她就是我理想中的女人」，向別人描述著她的種種時，我們往往只是挑她最合適自己的部分來講。

當女性說「他就是我的Mr. Right」時也是一樣。

有一個女孩，家裡賣了土地後成了暴發戶。她的虛榮心很強，很厭惡自己家是暴發戶，因此想要擁有另一種身分。

此時出現在她面前的，是一位舊日的貴族，她立刻就愛上了他。

冷靜地從第三者角度客觀看來，會覺得這種事真是愚蠢，但兩位當事人卻是認真的。

先是女孩，她一本正經地說：「我和你的地位相差懸殊。」並說：「你不該找我這種女孩，應該去找更有身分的人。」

而男方則說：「都到了現在這個時代，身分、地位什麼的根本無關緊要。對我來說，你是什麼身分的人都沒關係。能夠生養出像你這麼優秀的女孩，就是非常優秀的家庭。」

兩人互相吹捧。

在她看來：「他是多麼謙遜的男人啊！完全不因為自己的家世而驕傲，真出色！」

總而言之，對於想要攀關係的她來說，他實在是太合適了，因此她覺得他就是人格高尚的人。

之後，兩人同居了。為「人格高尚者」而傾倒的她，在同居中仍然對他說：「如果討厭我了，就算拋棄我也沒關係。」

所以他也對朋友們大肆誇耀，說自己的女朋友像天使一樣。

「你們找不到這麼棒的女人吧？不會有這麼棒的女人追你們吧？」他如此得意地說。

他當然會這麼得意，對於人格不成熟的男性來說，這麼合適的女人真是太難找了。

兩人彼此稱讚對方是自己理想中的那一半。

他們沒有發現，其實自己只不過是單方面地為對方賦予了某些性格，並且單方面地對此產生反應。

他只不過是單方面地認為她是「像天使一樣的女人」而已，自說自話地如此認定，並且對此做出反應。

這就是卡倫．霍妮所說的「外化作用」這種心理過程。

他並沒有發現在自己的內心裡發生了什麼，卻把發生在心中的事情當作自身以外的世界的經驗。這就是外化的心理過程。

對於看清他人的優點和缺點來說，外化是一種阻礙。

他希望她就是天使般的女性，這種願望外化在她的身上。

這只不過是他把自己內心的願望，透過她而展現了出來。實際上，他並沒有看到現實中的她，也因而形成了障礙，讓他無法認清她的缺點。

因此，很遺憾地，戀愛的熱情並不能持續太長的時間。

人格不成熟的人有很強的執著心

雖說是舊日的貴族，隔著一段自己實際上觸碰不到的距離來看是很棒，可是等到一起同居之後，就會發現他只不過是一個既幼稚又無聊的男人而已。

對於男人來說也是一樣，一開始，因為對方將身體給了自己而感激不已，然而這種感激也持續不了多久。隨著時間的逝去，也變成了理所當然的事。

兩人的感情漸漸冷卻了下來。

接下來女方提出，他們已發生了關係，如果他不和自己結婚，自己就吃虧了。兩人起了爭執。

「這個人現在說的，和當初講的不一樣啊！」兩人都這麼想。結果，女方把男方告上了法庭。最後，來自富裕家庭的她，僅僅得到了一點沒什麼意義的賠償金而已。

然而，對於貧窮的他來說，從父母那兒得到的遺產全被奪走了，這對他來說非常痛苦。

而且，事到如今，他們倆的關係曝光，成了公開的同居關係，這對他的社會名譽也造成了傷害。

這件事情很簡單，用一句有點毒的話來說就是：貪小便宜，反而浪費了錢。這世界上沒有比白吃的午餐更花錢的了。

僅僅只是因為她同意同居，允許他恣意妄為，所以他就覺得對方是自己理想中的女人。

當然了，他本人是真心地認為她的確是如此，並沒有說謊。只不過，為什麼他會這麼覺得呢？只因為對方在言行上允許自己恣意妄為而已。

人總是能夠一下子就發現別人的恣意妄為，卻對自己的恣意妄為難以察覺。

問題在於，自我中心的人往往並不覺得自己是這種人。

另一方面，女方大概只是被一位剛好特別適合自己需求的男性所吸引吧。對她來說，這一切太順遂了。

她也沒有察覺，自己之所以能特別順遂地找到他，是來自於自己的自我中心——她只不過認定了對方人格高尚而已。

他並不是和她自己的利害全無關聯的、真正人格高尚的人，而是因為剛好能治癒她的自卑感，所以才變得人格高尚。

兩人其實都一樣，都是因為對方能夠解決自己內心的糾結，所以無意識地認為事情真是太順利了。

他們彼此都沒能拋開自己的利害關係，沒能把對方當作一個真正的人，從各個角度來看待彼此。

人格不成熟的人有很強的執著，只能從利害關係的角度來看待對方。他們無法從多個角度來看待彼此，而只能從「對我是否有利」的想法出發。所以，對方是可以被取代的。而人格成熟的人，則會把對方當成一個獨立的人。

天下沒有白吃的午餐，最終，兩人都吃了苦頭。說起來，他們看人都太天真了。

自己是個平凡人，其他人也只是平凡人。就像自己不是神一樣，其他人也同樣不是神。

把自己的言行舉止搞得像個神一樣的人，一定在哪裡有所隱瞞。而那些會根據對方「神聖」的言語而行動的人，他們的積極性、獨立性通常很差，看待事情極為天真。

前面提過「外化」的這種心理過程，並不是只會在戀愛中發生。

人格不成熟的人會完全信任那些說話時迎合自己的人，所以會被騙。

有個人買了房子，然而在土地面積上，卻被房地產公司的人騙了，他以為鄰居的一部分土地也是自己的，就這樣買了下來。

後來事跡敗露了，但這個被騙的人還是相信房地產公司的話，因為他太希望那一大片土地是自己的，所以不承認自己被房地產公司騙了，跟鄰居吵了起來。

這就是按照自己的願望，扭曲地看待現實，以能夠滿足自己欲望的方式來解釋現實。

而經常出現的狀況，則是將「那個人能夠拯救我」的願望外化。邪教信徒看待教主的心理即是如此。

他們希望有誰是「能夠拯救我的人」，所以，某個人就變成了「能夠拯救我的人」。

「外化」是你希望如何去看待其他人時，出現的心理過程。

我希望那個人是天使，如此一來，就會把天使的特質賦予那個人。

我在心理上需要認為自己比其他人更優越；因為我有自卑心理，所以其他人必須比我差。這麼一來，就會賦予其他人「比我差」的特質。

從對戀人的認識到對世界的認識，都是一樣的。外化的心理，就是對現實的扭曲認知。

幼兒期的願望沒有得到滿足，就是一個人會執著於自己的原因。人格不成熟的人只能考慮自己的事情，這就是「我執」。

幼兒時期心裡沒有被滿足的願望，如今仍然想要去滿足它，這種心理現象就是「執著」。這就會使內心生出糾結，也是造成一個人不安的原因。

對於幼兒時期願望沒有得到滿足的人而言，即使對他說：「你該考慮考慮其他人吧！」也無濟於事。

因為他們只能考慮自己，所以無法和其他人親近，也因而無法幸福，並且會這樣不斷地惡性循環下去。

如果幼兒時期的願望得不到滿足，不管再努力也只會適得其反。雖然很努力，但幸福卻不會來。

那是因為，他們的努力完全忽視了對方。

世界上最流行的話：「誰都不瞭解我。」

喬治・溫伯格⑤說，「誰都不瞭解我」是世界上最普遍的一句話。實際上，說這句話的人，大多數都是自戀狂。

這句話表達了這樣的不滿：「我明明都這麼努力了。」也表達了這樣的憤怒：「我明明都這麼努力了，你卻不瞭解我。」

在親子、夫妻、戀人、上司與部下之間等許多關係中，都會出現這種情況。

然而在這些關係裡，所謂的「努力」，都是自戀式的努力。

⑤ George Weinberg，美國心理學家，最廣為人知的，乃其創造了「恐同症」（homophobia）一詞。

對方的現實與自己的現實是不一樣的，但自戀的人並不瞭解這一點。會如此憤怒的人，其實對他們來說，對方是「不存在」的。

換句話複雜點的話來說，就是「他者的自我化」。在他們看來，其他人只不過是自己的延伸而已。

或者，也可以說是共生關係，也就是寄生蟲，相互間無法自律地和對方交往。

「我明明都這麼努力了。」可是對於對方來說，這種努力很可能只是困擾。

丈夫為了家而拚命工作，連想喝的酒也強忍著不喝，拚命工作。

為了這個家，丈夫什麼事都忍耐，在公司裡也認認真真、兢兢業業地工作。

然而到了退休的時候，妻子卻跟他提離婚。男人好驚訝。

到底發生了什麼事？他完全不能夠理解。他想：「什麼啊？這實在太離譜了！」但是妻子很堅決。

要想避免這種關係中的悲劇，該怎麼做才好呢？

那就必須打從心底清楚，每個人的現實情況都是獨一無二的，甚至可說有天壞之別。

要別人無條件地支持自己的努力或忍耐，本身就是大錯特錯。即使再勉強，也要別人說出：「你做的這些事，都是我所希望的。」這種觀念更是大錯特錯。就像羅洛・梅⑥說過的，意志會對自我進行破壞。如果判斷出了錯，意志就會對自我進行破壞。

「愛與意志乃是相互關聯的。也就是說，扶助其中一方，就能夠強化另一方。」

兩人之間雖然有意志，卻沒有愛。沒有愛的意志，就會對自我進行破壞。

海耶克說，通向地獄之路，是由「善意」鋪成的。

當然了，就算認識到人與人之間有極大的差異，也不是就能完全避免所有關係裡的悲劇。但是在認知到這一點後，有很多悲劇都能夠被避免。

⑥ Rollo May（一九〇九—一九九四），美國心理學家，被稱為美國存在主義心理學之父。

一個人如果不能瞭解對方，那麼，就算為了對方而拚上自己全部的人生，也無法讓對方幸福，或帶給對方好處。相反地，甚至會給對方造成極大的困擾。

多麼奇怪啊，連彼此的差異都不清楚，就沒完沒了地做著無謂的努力。

這種情況當然並不只適用於親子、夫妻等關係，在工作上也是如此。

做出錯誤的選擇之後，一味靠著忍耐和努力，只會愈來愈深陷泥淖。忍耐本身並無所謂好壞，做出理想的選擇時，它就是好的；選擇出了錯，便會讓傷害變得更深。

所以說，努力和忍耐都是很危險的東西。

搞錯方向的努力，是得不到回報的

有個總是被甩的三十七歲男性這樣說：「我已經非常努力地談戀愛了，可是……」

他所說的這種努力，是和其他人沒有關聯的努力。那並不是站在對方的立場上做出的努力。

比方說，一個人有了喜歡的人，他就會考慮：「我這麼做，對方是會討厭呢？還是會高興？」關於這一點，有的人能夠明白，有的人卻想不透。

一旦明白「做這件事會讓對方討厭」，於是努力去做能讓對方開心的事，這樣的努力便能夠得到回報。

有了喜歡的人，便去站崗等待對方，這需要花很多時間和精力，也需要極大的熱情。

然而，如果他並不知道對方很討厭被人站崗「伏擊」，如此的努力就得不到回報。

如果做的是對方討厭的事，不管再努力，也不會有回報。

一再地努力又努力，結果人生的問題不僅沒解決，反而愈來愈多了。

所謂人格的成熟，是指與其他人建立連結，能夠理解什麼能讓對方快樂、什麼會讓對方討厭。

人格成熟的人，他們的努力是有意義的。只要努力，他們就能夠幸福。

我在書裡讀到過，一個人把手放進熱水裡，向對方說：「看吧，我是這麼愛你。」這就是人格不成熟。

明明是只要為了某個人努力，對方就會愛上自己、感謝自己，可是人格不成熟的人偏偏無視於這個人的需要，反而朝著另一個方向而努力。也難怪他們的努力得不到回報。

自戀狂會為了得到他人的承認和讚美而拚命努力，真令人心酸。

這只是自我執著的努力，並不是真正站在對方的立場上，具體地為對方付出。這種勉強的努力是很情緒化的。

有些人的努力之所以得不到回報，那是因為，他們的努力其實與其他人無關。

自己的自卑感，在戀情之中，會反過來變成給對方的異常讚美。

有著強烈自卑感的人，會完全執著於自身的弱點，並且把那份激烈的執著，錯當成是激烈的愛情。

他們並不是因為對方真的很出色而認為他出色，而是因為自己的自卑感和孤獨感，所以才覺得對方很出色。

這些人的內心糾結透過戀愛關係表現了出來，因此，戀愛不可能順利。

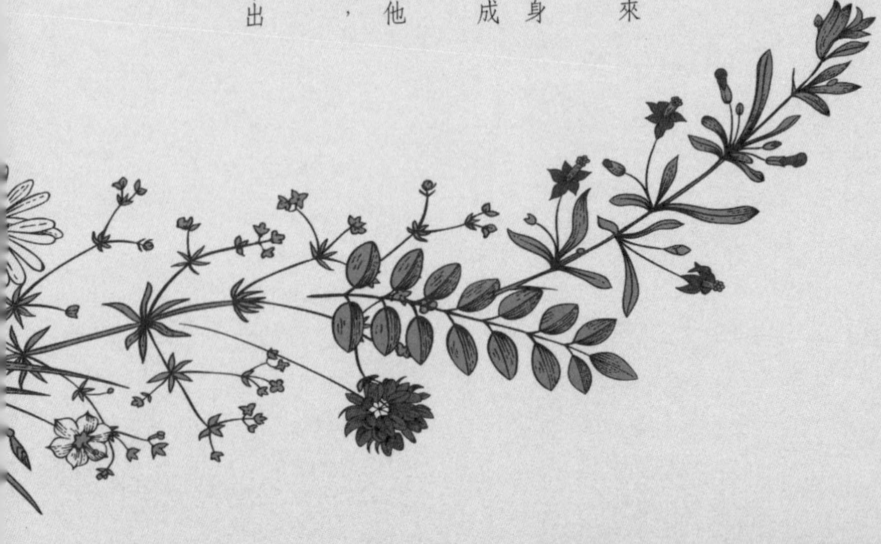

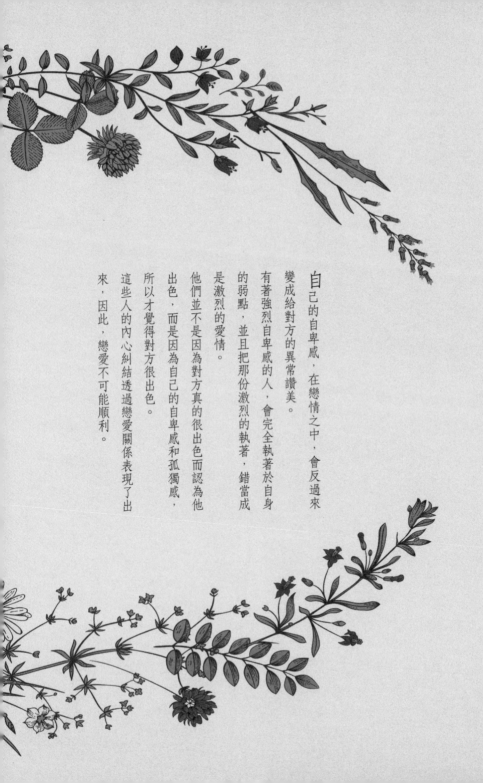

第三章

把自卑感與愛情搞混的人

把自卑感與愛情搞混的人

有時候，彼此因自卑而開始交往

他是個特別有個性的人。高中的歷史課上，當老師指著某處說「這裡很重要」的時候，他卻怎麼樣都覺得其他地方更重要。

而且，他除了自己覺得重要的部分之外，其他的都不太去學習。與其說「不去學」，不如說是「學不進去」。

到底哪些內容更重要？這一點，根據每個人對問題的看法不同而有差別。歷史老師關心的是考大學，他關心的則是產生現代權力結構的社會原因。只要存在這種差異，他們所認為的「重要」就一定會有分歧。

更進一步說，那就是歷史考試的出題老師和他對問題的看法有差異。不管怎麼講，就是因為他看待事情具有自己獨到的角度，所以在日常生活中，他處處碰壁。

別人想也不想就走過去了，他卻認真地蹲下來冥思苦想。

理所當然的結果是，儘管他很努力，成績卻往往低於平均。對此，他開始認定「自己是個沒能力的廢物」。

自己如何評價自我，這對人類來說，是極其重要的大事。

他的自我評價在高中時期非常低。他認定自己的頭腦很笨，因為這種自卑感而苦惱。

在成年人看來，他的成績之所以上不去，並不是因為腦袋不好，反而恰恰是因為他很優秀。然而對於高中生時期的他來說，卻還不能理解這一點。

那些乖乖聽老師話的學生，只要肯用功，成績很快就變好了，但他因為有自己獨到的看事情角度，所以不管再怎麼用功，成績也提高不了。

如果當時高中老師有能力發現學生的個性，就能夠看出他的優秀。然而遺憾的是，那位老師和學生不同，是個極其沒有個性、看待事情也沒有自己想法的人。

曾經有一次，歷史老師在他的考卷上寫著：「把基本觀念再好好讀一下！」於是他就愈發地自卑、苦惱了，因為他甚至搞不清楚老師所謂的基本觀念到底是什麼。

其他學生只要用功就能提高成績，但他卻變得不知道到底該念哪裡，到底該怎麼努力。

其實，歷史老師說的「要學好基本觀念」，意思就是只要把參考書上寫著「要點」的地方牢牢記住就好。但正因為他不是這樣就能滿足的學生，所以愈發混亂。

自己到底要學什麼、要怎麼念書，他搞不明白。「就算我念了，這裡大概也不重要吧！這裡大概也不是基本觀念吧！」他很苦惱。

面對大考，他完全失去了自信，整個人都因為自卑感和孤獨感而苦惱。為什麼自己不能和其他人一樣？這種被孤立的感覺徹底地打擊了他。

「我太沒用了，我做什麼都很沒用。我為什麼會比其他人都沒用呢？」他這樣想著，情緒變得低落。

他自認為就算重考也根本考不上名校，於是報考了一所沒名氣的私立大學，並考進了那所大學。

從大考的複習中解放出來之後，他那一向封閉的能量爆發出來了。在某個派對上，他很偶然地結識了一位大學名校的女學生。

她並不是美女，然而從那一晚開始，他就完全成了她的俘虜。而她也同樣被他深深吸引。

她雖然不是美女，但長得並不讓人討厭，也絕對不醜。然而，從小學到大學，男生們總是「醜八怪、醜八怪」地叫她。

她也知道其他人都叫她醜八怪。男生之所以會譏諷她是醜八怪，其實不過是男性的自卑感在作祟而已。因為在功課上輸給女孩子，讓那些男生很沒面子，所以他們就如此貶低她。

男同學們就算再努力，在功課上仍然贏不了她。但她不知道他們為此有多悶，因此，來自男同學們的評論仍然在她的心靈留下了傷害。

之所以會叫她「醜八怪」，是男人們為了從自卑感中保護自己而做出的不堪行為，但她當時沒有足夠的從容來讀懂這一切。

這讓她變得害怕與男性接觸。她完全喪失了自信，被這種自卑感所折磨，避免與男性交往。有一次，班上的男生強迫推銷了派對的門票給她，於是她只好做好了當壁花的心理準備，去參加派對。

就是在這一場派對上，執拗地認為「反正美女也不會搭理我這種人」的他也參加了。他可是個帥哥，不過對他來說，長得帥沒有任何價值。

然而，她之所以會被他深深吸引，其實還是因為他長得好看。因為她覺得，他比一直以來譏諷自己的男生們可要好看得太多了。

這兩個人一下子就迸發出了熱烈的感情。過去一直緊緊封閉著的青春能量衝破了堤防，奔流而出。正是因為自然的欲望一直被壓抑著，所以這種奔流才愈發驚人。

以前的他，因為害怕會被拒絕，連女生的名字都不敢問。現在，那種害怕被拒絕的恐懼感因痴迷而消失得無影無蹤。他當時就向她要了地址，當天晚上一回到家，便神魂顛倒地寫了表白的情書給她。

有很多詞語都能用來形容青春的過剩能量，其中「心醉」簡直就是最適合他的。他真的沉醉不已。

而她也一樣沉醉地回了信給他。接到回信的當天，他就打電話約她出來，而且一邀約就立刻成功。

對於他們兩個人來說，約會的那一整天，感覺短得就像是一瞬間。

他們在公園裡度過十個小時，感覺卻像只有一秒鐘，回過神來的時候，已經是夜裡了。因為約會時，他們倆存在於只有他們兩人、沒有時間的世界裡，與外部世界完全隔離。他倆都無法相信已經過了十個小時。

他們甚至沒有感覺到肚子餓。當他們看到夜晚車站月臺上的時鐘時，才震驚地發現，真的已經過了十個小時了。

把可怕的執著錯認為愛情的強度

自己的自卑感，反過來會變成給予對方的異常讚美。他們兩個人爭著讚美對方，正說明了他們各自的自卑感多麼深植於心靈深處。

不過，兩人都沒發現這一點。他們沒發現，讓自己認定對方就是世界上最美好的人的，正是自己的自卑感，而非其他。

孤獨與性欲的不滿足是「偉大的愛」的成因，佛洛姆指出的此一事實，真是不言而喻。

寂寞的年輕人墜入愛河時，會把能夠治癒孤獨以及消除性欲不滿足的這種感情，錯認為「喜歡」對方。

他們並不是因為對方真的很出色而認為他出色，而是因為自己的自卑感和孤獨感，所以才覺得對方很出色。

這是以治癒自卑感為目的的戀愛。並不是因為真的愛上了才談戀愛，而是因為她有自己不是美女的自卑感，所以才愛上了帥哥。

出於自卑，他們成了戀愛的俘虜。

「為什麼會戀愛呢？」

「那是為了治癒自卑感。」

有目的的戀愛總是很快就會熱情冷卻。一見鍾情愛上一個人的速度，同時也就是戀情冷卻的速度。

一見鍾情代表了一個人的自我很不穩定，代表一個人的意識與無意識之間，背道而馳的程度非常嚴重。

羅洛．梅說過，自發性的感情與沸騰的感情不同。

一般而言，容易燃起激情又容易冷卻下來的人，是自我不穩定的人。

前面的序言中也提到了，卡倫．霍妮說過：「我們都是為了讓人生更加豐富、更加幸福而追求愛，然而，精神官能症患者卻是因為其他理由而追求愛。」

依賴心理強、自卑感嚴重的人，會異常在意其他人怎麼評價自己。

他們很擔心，自己會不會被對方看不起？會不會被別人拒絕？會不會被討厭？

這其實僅僅是對自我的執著。而且這種自我執著式的努力，不僅不會解決他們的煩惱，還會為他們增添煩惱。

精神官能症患者並不是真的愛對方，只不過是為了要解決自己內心的糾結，才和對方糾纏在一起，因此，產生了愛對方的錯覺。

他們把可怕的自我執著錯當成了強烈的愛。

「基本上，所有的『精神官能症患者』都有過度想要被愛的欲望，卻幾乎不想要去愛別人。」

當然了，精神官能症患者並不能察覺自己根本不想去愛。這是因為他們「想要讓對方這樣做，想要讓對方這麼想」的意願太過強烈，且對於對方本身完全不感興趣。而且，他們也無法察覺自己對於對方完全不感興趣。

「她一遇到似乎能夠滿足自己要求的男孩，便立刻痴迷地執著於他，而她以為自己這就是在熱戀了。」

羅洛・梅說：「愛情通常會與依賴關係混為一談。」不過，要讓我說的話，我覺得愛通常會與執著心混為一談。

就像過度寵愛孩子的父母並不一定能幫到孩子一樣。有些父母明明是自己緊緊抓住孩子不放手，還錯以為自己是愛孩子的。

心理上生了病的人，會把自己執著心的激烈程度，錯當成是愛情的激烈程度。因為他們很不安，便想緊緊抓住對方不放，同時，又把這種緊抓不放錯認為激烈的愛情。

他們所以為的那種愛情的激烈程度，其實只不過是自身不安的激烈程度。因為自己這麼地需要對方，便因而認定自己是這麼樣地在愛著。

因此，「他們常常激烈地去談戀愛，但他們總像是被附體了一樣，想要讓對方成為自己的所有物。」

「沉醉」與「愛」，完全是兩回事

兩人都沒有發現，其實沉醉與愛並不是同一件事。

隨著交往時間的增加，他們進入彼此生活的範圍也愈來愈廣。

有時，他會到她的學校去等她，也看到過她和班上的男生在一起。

以「解決自己內心糾結為目的」的戀愛，彼此在心理的期待上，都會出現許多問題。

比方說，得到的讚美沒有自己期待的多。

他們從最初的興奮中漸漸清醒過來，已經不再是無論做什麼都新鮮有趣的階段了。他們第一次去的那個公園，去第二次、第三次、第四次的時候，已經不能再期待有同樣的興奮了。

兩個人第一次去咖啡店的時候，想著「我們馬上要兩人單獨在咖啡店約會了」，情緒高漲，因為這初次的體驗而心情雀躍。然而，任何事到了第二次、第三次、第四次，都不會再有同樣高漲的情緒。

一開始，兩人在草叢裡坐一會兒都會覺得意亂情迷，但隨著次數的增加，這種青春的讚歌也淪為了彼此肉體的需求。

就這樣，他們倆交往的範圍愈來愈廣，當他看到她和班上的同學在講話，這就足以讓他的心裡悶悶不樂，覺得嫉妒。因為嫉妒，所以他對她的憎恨也變得強烈了。

常常有人說嫉妒的強度反映了愛的深度，愛得愈深，嫉妒就愈強烈。但是，這種想法是完全錯誤的。事實完全相反。

嫉妒與一個人依賴心理的強度、缺乏自信的程度、自我中心性等心理不穩定因素成正比。正因為他們有很強的依賴心理、沒有自信、自我中心，所以對於對方的要求也很可怕。

一旦對方沒有按照自己的期待行動，就會產生強烈的恨意，變得嫉妒，同時覺得自己倒了大楣，甚至出現被害妄想，想要還以顏色。

不合自己的心意，就會產生嫉妒和憎恨

他的嫉妒心太強，就連女友也難以忍受了。她光只是和同學們開心地聊天，這種行為對他來說就相當於背叛。

有個不誠實的丈夫，比有個愛嫉妒的丈夫強十倍。

把不誠實的丈夫換成戀人也一樣。有一個不誠實的丈夫，對妻子來說是相當悲慘的；但有個嫉妒心強的丈夫，比這個還要慘十倍。要是在廣播電臺的熱線諮詢節目中說出來，一定會得到聽眾的認同。

相反地，愈是對自己有自信、心理上很獨立、對戀人的愛很有安全感，人就愈不會嫉妒。相信對方是真心愛著自己的，這種心理上的安全感，不會給嫉妒任何可乘之機。

真正相互信賴的兩個人，和嫉妒完全扯不上關係。

正是因為他心理上有不安全感，所以才會有強烈的嫉妒心。

儘管他只不過看到她和同班同學聊天，沒做其他什麼事，但是在當天的約會中，他卻始終不開心，一直在生氣。

另一方面，她也和他一樣。

有一次，他們約在他的學校見面。他碰巧和其他女生說話，被她看到了，她的內心也同樣為嫉妒所苦。

約會的時候，她總告訴自己：「不要說，不要說！」但仍舊忍不住說了些帶刺的話。

說帶刺的話，只是在「間接地」表達憤怒，所以不管說了多少帶刺的話，也不會覺得痛快。而帶刺的話裡，混合了「憤怒」和「撒嬌」這兩種情緒，所以會讓人厭煩。

從古希臘、羅馬的時代起，就有嫉妒會給人帶來不幸的說法。而這兩個人的確很不幸。

不管是他還是她，對戀人是否愛著自己都沒有自信。

有著強烈自卑感的人，完全沒有能力認可戀人的獨立人格。

反過來，他們對戀人的獨占欲卻加倍地增強。無法獨占戀人的時候，就會有強烈的嫉妒襲來，也就是說，他們會被憎恨所支配。

他們完全沒有忍耐愛情不足的能力，也沒有能力在不放棄彼此獨立性的基礎上，去愛彼此。

對方怎麼可能會愛上我這種人呢？有著強烈自卑感的人在內心深處無法相信這件事。

在學業上有自卑感的人，會過度評價學業的重要性；在容貌上有自卑感的人，會過度評價容貌的重要性。

對於在學業上有自卑感的人來說，即使對方讚美自己的容貌或人格，也無法緩解那份自卑。

自己希望被讚美的既不是人格，也不是容貌，而是學業。他錯以為那才是一個人真正的價值。

看問題的角度太單一，這也是他之所以有強烈自卑感的原因之一。

他之所以會拘泥於學業和成績，是因為他想要透過學業和成績，來捍衛自己的個人價值。

同樣地，對於在容貌上有強烈自卑感的人來說，就算對方誇獎自己的人格、稱讚自己有多會念書、多麼為自己的家世地位而驚嘆，她也不會發自內心地感到高興。

比起被讚美一百次人格，她更想被讚美一次容貌。

和他拘泥於學業成績一樣，她也想透過容貌來捍衛自己的價值，所以才拘泥於容貌。

他們倆都緊緊抱著自以為有價值的東西不放，想要以此來解決自己內心的糾結情緒。

對容貌有自卑感的人，無法理解對學業有自卑感的人。她認為不可能有人對學業這種東西有這麼強烈的自卑感。

而對他來說，最有價值的事情莫過於她說他「頭腦好」。只要他仍然認為頭腦好是最有價值的東西，他就不可能發現真愛。導致的結果就是他變得無精打采的。

而她也完全一樣。

「我們必須要搞清楚，一切的絕望說到底，都能歸結為同一件事，也就是某種

唯一價值的偶像化、絕對化。」

把容貌的價值絕對化的人，以及把學業的價值絕對化的人，其實都很絕望。

他們兩人都對自己很絕望。

所以他們才很在乎外在的美貌或優異的成績。

奧地利精神科醫生貝蘭・沃爾夫⑦這樣描述過：「有些人因為總覺得自己低人一等，所以如果沒有名聲、財富或權力，人生就痛苦得支持不下去。」

借用他的話來說，就因為他們兩人總覺得自己低人一等，因此沒有美貌或優異的成績，就痛苦得活不下去。

此外，由於強烈的自卑感，他們倆都對戀人對自己的愛感到不安。有強烈精神官能症傾向的人，很擔心戀人可能會喜歡上其他異性。兩個人對此都很不安，因此才會產生嫉妒。

他搞不懂她怎麼會如此稱讚自己。雖然很不安，他倒是可以理解她稱讚成績

---

⑦ W. Béran Wolfe（一九〇〇—一九三五），奧地利精神科醫師，曾任阿德勒（Adler）的助理。

好的人。自卑感愈是強烈，對他人的評價就愈是會集中在某些方面。

原因就在於看問題的視野太窄。

有強烈自卑感的人，會完全執著於自己的弱點，至於那實際上到底是否真是自己的弱點，則另當別論。

就像阿德勒⑧說的，自卑感是讓人十分難耐的。因此會削弱其他的感情，或是把其他的感情都耗盡。

換句話說，一個人一旦有了強烈的自卑感，其他的感情都會被磨滅，只靠自卑感驅使著他的一言一行。

之所以形成強烈的自卑感，原因有兩個，首先是缺乏歸屬感，其次是擴大的依賴心理。

鮑爾比⑨發現，高度依賴性與父母的愛的剝奪之間，從統計結果來看，是有相關意義的。

「高度依賴性與自卑感的關係」是評價一個人時，非常關鍵的一環。

總而言之，這個例子中的兩個人，都是孤獨且有強烈依賴心理的人。

所以他們之間才會發展出「熾熱的愛情」。他們以為那是熾熱的愛，其實，那只是說明了他們倆的孤獨和依賴心理有多麼強烈。

強烈的孤獨與失望，促使人迫切尋求讚美

不久，兩人的嫉妒心使得彼此的關係從天堂墜入了地獄。因為有自卑感，所以他們倆都很孤獨。因為自我防禦，他們總想著不要被別人看扁，所以無法毫無戒心地與他人交往。

由於自卑感很強，所以他們想先獲得別人對自己的高評價，也正因如此，他們無法敞開心房與他人交往。

⑧Alfred Adler（一八七〇—一九三七），奧地利心理學家，個體心理學創始人。

⑨John Bowlby（一九〇七—一九九〇），英國心理學家，「依戀理論」（attachment）的提出者。

兩個人都很孤獨，都需要別人來讚美自己。

一個人一旦有嚴重的自卑感、對自己非常失望，那麼，為了重新找回自我的平衡，就會迫切尋求讚美。

如果能夠獲得讚美，自我就能夠獲得表面上的安定。

對他們兩個來說，分手如同地獄；但因為懷有強烈的嫉妒，即使在一起，也如同地獄。

去也地獄，留也地獄。

最後，兩個人還是分手了。

因為他們都沒辦法做到和對方真正地親密。當一對戀人從熱戀的意亂情迷中清醒過來之後，維繫彼此關係的，就是人與人之間的親密感。

那麼，要怎麼樣才能與他人產生親密感呢？這就要靠開誠布公地敞開自己，也就是能夠把自己的弱點表現在對方面前。

有嚴重自卑感的人，很難開誠布公地敞開自己。

他們覺得自己是個很無聊的人，而這一點可不能讓其他人發現，正因為如此，所以要裝腔作勢，如此一來也就沒辦法和其他人親近了。

佛洛登博格⑩說的那些職業倦怠的人，便都非常擅長於隱藏弱點。也就是說，他們沒辦法和其他人親近。

有強烈自卑感的人，會選擇和自己不一樣的戀人

「我們通常會選擇和自己相像的人為戀人。」

「不，彼此互補才是真正的戀愛，所以，我們一般會被跟自己不一樣的人吸引。」

這樣的爭議時常出現。

然而實際上，這兩種說法都不對。其實，有強烈自卑感的人通常會選擇和自

⑩ Herbert J. Freudenberger，美國臨床心理學家，他首度提出「職業倦怠」（staff burn-out）說法，指出人在龐大工作壓力之下會產生身心疲勞與耗竭的狀態。

己不一樣的戀人；而自尊心強的人，則會選擇和自己相像的戀人。

因自己的虛榮心而苦惱的人，會被沒有虛榮心的人吸引。受虛榮心所苦的男人，會讚美沒有虛榮心的女人像天使。

然而，那種讚美的話語並非在描述她，只不過是表現出這男人多麼為自己的虛榮心而煩惱。那讚美的話語所描述的並不是女人有多美，而是表露了因自己不堪的虛榮心所造成的自我厭惡有多深。

這種戀愛遲早會幻滅的。前面講過的那對男女的戀愛過程即為一個典型。為什麼這麼說呢？因為他們絕非真心相愛。他只不過是為了讓所有人，包括他自己見識一下，自己也能找到大學名校的女生當女友，所以才把她當作戀人。

因為自己成績差而造成的自卑感，再加上其他人只要有念書，成績就能提高，自己卻無論怎麼用功也考不好所造成的失落，結果就是帶著他對其他人的怨恨，想要爭口氣給大家看。

他並不是愛上了她才和她戀愛。和她談戀愛，是為了透過與她交往來消除自己的怨恨，為了治癒自己的自卑感。這才是他與她交往的關鍵。

兩人眼中看到的都只有自己。和這個人在一起，就可以對自己恨的人喊出

「你也有今天」，正是這種快感才促成了他們的戀情。

超出常規的讚美或批判，都只不過表現出說話者深深的被孤立感。

受誇獎的人誤以為自己真的被稱讚了，其實，那些讚美言語都與自己無關，而只是表達了說話者被孤立的感受而已。

反過來，被人超乎尋常地強烈批判時也一樣。並不見得只是自己真的受人批判，那也同樣表達了批判者自身的被孤立感。

當「被孤立感」與「戀愛的熱情」結合在一起時，這種不尋常的讚美情況就會發生，就是我們前面說過的「偉大的愛」。

因為太過孤獨，兩個人都想要滿足自己「對親密的欲望」而失去了理智，並從而覺得自己「喜歡」上了，但實際上，自己並不喜歡戀人本身。

「精神官能症患者無法忍耐自己，因此強烈地需要和其他人接觸。這可以把他們從痛苦的孤獨感中拯救出來。」

有嚴重精神官能症傾向的人因為很孤獨，所以強烈地需要和其他人接觸。感覺上似乎能夠滿足自己這種需要的，就是自己選擇的戀人。

認清自己的本性，就能夠順利地戀愛

而的確，前面所講的這對男女的戀情，也許是現代社會的矛盾結構所導致的。要是沒有那種錯誤的教育方式、錯誤的考試制度，男孩也許能夠更直率地成長。

而女孩也是一樣。「男人就該怎樣怎樣，女人就必須怎樣怎樣」，正是這種錯誤的文化價值觀，讓她周圍的男生感到了自卑，才反過來讓她有了自卑感。

或許可以這麼說，他們兩個都只是在戀愛中演出獨角戲的可悲犧牲品。

他們以為彼此有了親密關係，但其實在心理上是相互疏離的。

如果不瞭解對方真正渴求的是什麼，那麼就算是戀人，心理上的距離也相當遙遠。

與其說「遙遠」，還不如說他們之間的感覺就如同與完全陌生的人見面一樣。在表面上看起來，他們是一對戀人，但在心理上，兩人的關係就像在路上偶然擦肩而過的人一樣。

因為在戀愛關係中，某些衝動得到了滿足，所以才產生「喜歡」的感覺。然而，「喜歡」與「親密關係」並不相同。

有一點值得我們注意，那就是自己沒有意識到的那部分自我，有可能在驅動我們的一言一行。

佛洛伊德對現代社會最大的貢獻，恐怕就是探索了人類無意識的領域吧！

在十九世紀，人人都認為是自己的理性與意志在驅動著自己的行為時，佛洛伊德卻說出令人震驚的話，指出驅動我們行為的，其實並不僅僅是理性與意志。驅動人類行為的，是人類自己所沒有意識到的不安、恐懼，以及無盡的欲望。佛洛伊德提出的這種全新人類形象，對篤信意志與理性的人來講，著實是一種打擊。

當然，佛洛伊德也並不完全正確。然而為了讓我們生活得更好，不管他提出的這種人類形象有多麼不完美，也有我們不得不接納的部分。

因為不安，人類犯了很多奇怪的錯誤。為了避免這些錯誤，我們也必須瞭解人類真實的一面。

其實並不僅限於戀愛關係，當在親子關係以及其他所有的人際關係當中，發生了恩斷義絕的大悲劇，許多情況都是因為彼此既不瞭解對方，也不瞭解自己。

「研究顯示，瞭解自己與對他人的寬容是相關的。」瞭解自己，不僅能給一個人忍耐他人的能力，而且還能給他忍耐現實人生的能力。

很少有人能瞭解自己，卻不瞭解其他人。真正能夠看見自己的人，也能夠看見對方。

無法理解自己的人，也無法理解其他人。無法接納自己的人，也無法接納其他人。

當人際關係中出現悲劇時，產生悲劇的原因可能就是自己沒有覺察的部分。簡單來說，自己的無意識，或許就是事情發生的原因。

自卑感極強的男人與自戀的女人

「我是你的女人哦！只要是你叫我做的，我什麼都照做。」聽到女性這麼說，男人往往就會產生要和她交往的念頭。不過，會滿不在乎地這麼說的女性，就算和別人在一起，一定也會說同樣的話。

「如果不嫌棄我這種沒用的女人，就請你任意地對待我吧。」聽到類似這樣的話，不安而有強烈自卑感的男人，就會迷戀上這麼說的對象。

對於自卑感強烈的男人來說，「我這種沒用的女人」是令他們難以招架的臺詞。

然而，說出「我這種沒用的女人」的女性，其實是自戀狂。在她們謙遜態度的背後，隱藏著自戀心理。

這句話能夠一下子滿足有強烈自卑感的人，他們內心未獲滿足的對優越感的渴望。

卡倫·霍妮說，有基本不安感的人，急迫地需要讓自己凌駕於他人之上。

我也這麼認為。不過，**這件事最可怕的地方在於，從此以後，這個人的人生將再也無法擺脫這種「急迫的需要」。**

也就是說，急迫的需要並不會終止。就算經過十年、二十年，對於「讓自己凌駕於他人之上」，他仍然有急迫的需要。

十幾歲時急迫的需要，到了五十歲依然不變。

がんばっているのに愛されない人
ナルシシズムと依存心の心理

為什麼我們愛得這麼累

一旦如此演變，這個人就無法再去思考自己人生原本的目的了，無法思考該如何靠自己的力量去實現未來。

無法思考自己將來要成為什麼樣的人。

無法思考自己要怎樣過一生。

一切目的都是「要讓自己凌駕於他人之上」。

他們在一生中做的所有事情，都只不過是為了達成這個目的的手段而已。

不管是吃飯、找工作，還是運動，全都是為了解決「急迫的需要」。也就是說，要把自己置於他人之上，這就是他們人生的全部。

因基本的不安感所煩惱的男人，只要遇到「我這種沒用的女人」，就會知恩圖報地說出「我就跟你交往吧」這類話。對於為了基本的不安感所煩惱的男人來說，根本招架不住這種說法。

對於因強烈自卑感而煩惱的人而言，這種女人簡直就是拯救自己的神。

有強烈自卑感的人，為了讓自己安心，才和戀人產生聯繫，而不是因為愛上了才和對方在一起。

把「配不上」錯當成最棒的戀人

過去的文化中，女性的理想形象是謙遜。「我這種沒用的女人」就是最理想的形象。高傲的女人會招人討厭。

之所以會塑造出這種女性形象，其中正是隱含了男性的自卑感吧！

不管怎麼說，女人一說：「我這種沒用的女人，實在配不上你這樣出色的人啊！」因自卑感而苦惱的男人，便誤以為這女人就是天使。

然而，這並不是誠實的女性能說得出口的話。真正愛戀著對方、打算認真地愛他的女人，沒辦法毫不在乎地說出這種話的。

不可能說得出口啊！

即使事實上真的不相配，她恐怕也會為這種不相配而苦惱不已。然後她會拚了命地努力減少差距，改變配不上的情況。

又或者徹底死心，遠遠地看著他。

沒有人會傻到自己主動接近對方，然後又說「我配不上你」。

可是有強烈自卑感的男人，聽到別人對自己說這種話，就已然盲目地愛上了。他沒能察覺，自己之所以會和對方談戀愛，並不是因為她這個人本身，而是因為自己嚴重的內心糾結。

可是，自卑感強烈的男人，根本就不可能發現自己之所以去談戀愛，是因為對方的愛能夠治療自己內心的自卑感。

自己優秀到了別人配不上的地步，對於因強烈自卑感而苦惱的男人來說，沒有比這個更棒的禮物了。

有些男人就會被這種現代社會中最差勁、最惡劣、最無可救藥的女人——也就是扮演著文化中「理想女性」形象的女人所吸引，帶來一輩子的煩惱。

開始進入真正的生活時，她的真面目就會顯露出來。即使在遠離生活的戀愛遊戲中，演技尚且能夠派上用場，到了現實生活當中就不行。

等到開始一起生活，發現她連飯都不會做的時候，就已經遲了。

如果是誠實的對象，在別人像壞掉的音響一樣不停說著「我這種沒用的女人，實在配不上你這樣出色的男人」時，就已經把自己的生活態度調整好了。

也有些男人和一直說著「配不上」的女人結了婚，但妻子打從生下來就連一頓飯也沒做過。現實中，真有做丈夫的說著：「我結了婚以後才發現。」表示難以置信。

她是什麼樣的人？

其實她正是個自戀狂。

正像佛洛姆所說的，自戀狂「在謙遜的背後，隱藏著對自己的禮讚」。

要避免我剛剛說的這些悲劇的唯一方法，只有靠能夠看穿對方自戀的「眼力」了。

在家狂暴、在外迎合的兩面人丈夫

這種自戀狂，也有男性版。

那就是「在家是惡狼，在外是羔羊」的男人。

有個妻子說，丈夫在過去的二十年裡一直跟其他女人有染，人數實在是太多了，她都不知道到底有多少人了。

她也曾多次被丈夫施以暴力，被他一腳踢飛，也被他掐過脖子。有次他甚至還持刀威嚇，嚇得她在大半夜逃出了家裡。

但是包括公司的人在內，外人都覺得她丈夫很「溫和」。

我來說明一下這種人的心理。

首先，他們雖然表面看來很謙遜，實際上卻根本無法接受其他人的批評。不管是在家裡還是在公司裡，被批評了，他們都會很不爽，在心底深處無法接受批評的話語，而且還很憤怒。

然而，因為他們沒有自信，所以在外會迎合別人，甚至會超出必要地謙遜待人。

雖然對外人低聲下氣，但是在內心又很憤怒。

儘管心裡很憤怒，可是因為想要被人稱讚，所以做出來的行為都很友善。實際上，因為壓抑自己的感情，所以產生的欲求不滿心理也異常強烈。

因此，他們會把心裡積蓄的不滿和憤怒，向妻子發洩。

在外面產生的欲求不滿要在家裡消氣，所以他們在家裡亂發脾氣。

他們雖然表現得謙遜，但是若不被人讚揚，就會受傷。在外面也是如此，所以在公司裡也會受傷。

就像佛洛姆說的，謙遜的背後隱藏著對自己的禮讚，一旦受到批評，他們就會因為自尊受傷而被激怒。

但是，他們又很害怕別人對自己的評價變差，所以在外面不能表現出憤怒，只能和顏悅色。因此，他們會在家裡解決自己的欲求不滿。

所以，無論是在「狂暴的家裡」還是在「需要迎合他人的外在場所」，都沒辦法建立起親密的人際關係。

暴躁發脾氣與和顏悅色，兩者從行為特質上來看是完全不同的，但在人格特質上的出發點卻相同。

我們總是只看到對方的行為特質，因此會犯錯。

有些男人「在家是惡狼，在外是羔羊」，那是最令女人厭惡的。

能夠避免的唯一方法，只有靠著看穿對方自戀心理的「眼力」了。

所謂能夠看穿對方的眼力，是指不僅能夠看到一個人的行為特質，還能看到人格特質的能力。

不安的人會突然暴走。

而一個女人之所以總是無法看穿那些不安的人，是因為她本身也是個不安的人。心理穩定的人，就可以看穿對方了。

就像羅洛・梅所指出的，不安的人存有大量的敵意。

有的人一受批評就發怒。然而，到底什麼是批評，完全靠接收訊息者自己來決定。把對方的話當作批評來接收，那就是批評；當作愛情來接收，那就是愛情。

有精神官能症傾向的人，只要自己被人說了什麼，就容易把它當作批評來接收；而一旦被批評，就將此結果詮釋為自己是不被愛的。

自戀的人也是一樣。原本不是批評的話，他們當成批評接收，因而受傷、被激怒。

有強烈自卑感的人也一樣，沒有被不停地讚美，就沒有好心情。他們把「沒被誇獎」詮釋為「被批評」。

成熟的戀愛，即使結束了也不會混亂

如果是真的喜歡對方才建立了戀愛關係的話，那麼，在結束的時候，也不會以混亂的方式收場。

當然了，既然是男女關係的結束，或許會有某種程度的混亂，但是終究不至於鬧到不歡而散這一步，而會以一種自然的方式走到結束。

沒辦法自然地走到結束，說明戀情從一開始就存在著問題。

兩人彼此都不是因為喜歡對方才開始這段戀情的。他們彼此都有一些心理上的問題，是為了解決自己內心的問題，才和對方在一起。

為了解決自己內心的問題，兩人才在一起，如果那些問題得不到解決，就會變得不滿。

內心的糾結會透過人際關係表現出來。

這些人的內心糾結透過戀愛關係表現了出來，因此，他們的戀愛不可能順利。

在前面的大學生例子中，男性的自卑感和憎恨是他談戀愛的原因。為了解決自卑感和憎恨而存在的東西，就是他的戀情。

他並不是因為喜歡對方才戀愛的。

而自卑感和憎恨是他的人格特質，所以不是那麼簡單就能解決的。

若是真的出於喜歡而開始戀愛，說不定，自卑感和憎恨的問題也能逐漸得到解決。但在並非出於真正的喜歡而開始的情況下，他的人格特質便會繼續那樣發展下去。

「我已經這麼努力了，卻還是無法給對方想要的。」不去一味想著自己給了對方什麼，而去想著對方到底想要什麼，這就是愛。

唯有兩個人都想要自我救贖，才能夠相互拯救。

愛與撒嬌正好相反。愛一個人是要去理解對方，而不是尋求對方的理解。

因為要抱持這樣的態度，所以愛是痛苦的，是讓人難以忍受的。

為了有能力去愛，必須要堅強到能夠忍耐孤獨。

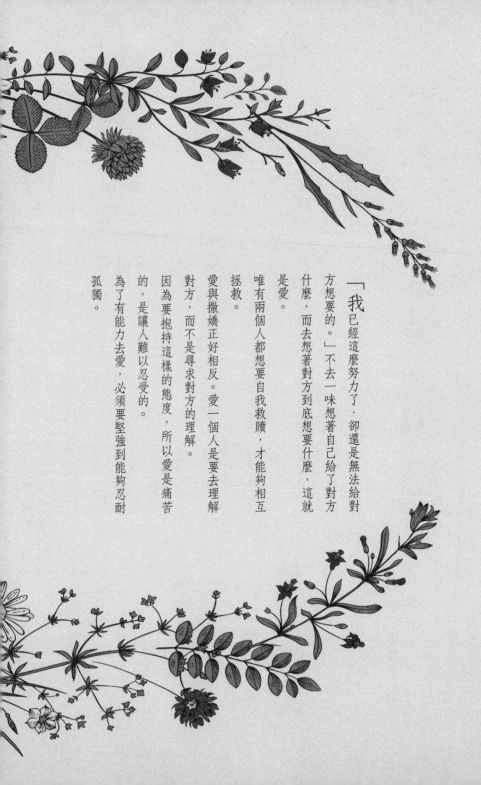

第四章

受傷，讓我們成長

受傷，讓我們成長

勉強去做，並非真心真意

戀愛並不是粉紅色的甜美夢境。戀愛意味著有可能每天都讓人疲乏到深感徒勞。

她二十三歲，馬上就要過二十四歲生日。但她已經沒有父親了，在她上高中的時候，父親便已生病去世。父親在世時對她非常慈愛。

在這個世界上，她最喜歡父親。每年她過生日，父親都會為她買生日蛋糕，而且不管公司裡有多忙，總是會想辦法排開事情，在她生日那天早早地回家吃飯，為她慶祝。

而且在那一週的星期天，父親會帶她出去玩。

而現在，每當生日來臨時，她總是會回憶起父親，變得無比悲傷。

後來她上了大學，談了戀愛，和大學時代的戀人訂了婚。

她二十四歲生日時，未婚夫特別忙。不，應該說從好幾個星期之前，他就忙得要死。他一直在加班，每天疲憊不堪，再加上公司那陣子業績不好，甚至出現了要倒閉的傳聞，主管有時還會毫無來由地對他發火。

當然了，這是他個人的看法，站在主管的角度，或許是有充分理由斥責他的。

只是，在他看來，主管早上一到公司就把他叫過去，毫無理由地罵他，好像只有罵過他，才能開始一天的工作。

他和他的主管可能都有點神經過敏。而這樣的他，根本沒有心思為女朋友過生日，現在正是為了未來拚命努力的時候。

他希望這種沒完沒了的繁忙、殘酷又討厭的生活，能夠靠她的溫柔得到拯救。

他希望與主管的不和、與同事的不和，這些鬱悶都能在和她相處時得到平復，希望至少和她在一起時，自己能夠隨心所欲地做事情。

和主管在一起時，儘管很氣，也必須默默忍耐；和同事在一起時，儘管會突然火大，也必須裝出笑臉來。

然而和她在一起時，他希望自己能夠真實地表達情感，得到解放。

不過，隨著她生日的接近，他決定不要再把她當作對公司不滿的發洩出口。就算累得沒心思約會，他也想辦法安排好加班的時間，勉強設法和她約會。這種時候，他也總是努力對她裝出笑臉。

他認為「從來沒有在公司裡上過班的她，是不可能理解現實工作的殘酷的」。他想，她能夠慢慢地理解這些就可以了，就這樣，他差不多放棄了拿她發洩的念頭。

他在很多事情上都在忍耐。換句話說，他自身已經處於發出ＳＯＳ警報的狀態了。

不幸的是，到她生日當天，他要招待公司的客戶，但他還是設法把這件工作交給了同事，幫她買了生日禮物，並且和她一起吃晚飯，送她絲巾作為禮物。

他打腫臉充胖子，帶她去了一家高級餐廳，一邊心想：「這得花掉多少我每天痛苦奮鬥得來的薪水啊！」不禁感到有些鬱悶。

而打開了生日禮物之後，她只是很表面地說了句「謝謝」，並沒有顯得特別高興。

他因為很疲勞，所以有點氣，但今天是她的生日，所以他決定不表露出憤怒或不愉快的情緒。

他壓抑著自己的感情，努力裝出很高興的樣子說話，想要逗她開心。「如果自己不是真的開心的話，也沒辦法讓對方開心。」他這樣想著，努力把公司裡的一切不愉快都忘掉，努力把自己煩悶的心情拋在腦後，裝出很興奮的樣子。

然而，無論他怎麼努力，她那落寞悲傷的樣子都沒有發生變化。點菜的時候也一樣，他舉著菜單，故作高興地問她：「點些什麼好呢？」但她只小聲說了句「嗯……」，看起來仍舊是不開心。

漸漸地，這頓晚餐變成了他一個人的獨角戲。

上了菜，也只有他一個人在說：「哇！看起來很好吃！」

他感到自己隨時都要爆發了，卻拚命壓抑著自己。「要是現在爆炸，自己到底是為了什麼壓抑那麼長時間的不滿啊？」

而且他覺得，要是任憑情緒爆發了的話，還不如一開始就跟她說：「我今天要見客戶，無論如何都沒辦法和你見面。」

他甚至隱約覺得，去接待客戶反而更好。不過，他接著就告訴自己：「不能這麼想，不能這麼想。」然後拚命地壓抑住怒火。

他感到不滿正在自己的心中累積，因此很不安。一旦到達某一點，自己就會一下子爆發，他深深地陷入這種不安。

「拜託你！給我心情變好！給我高興起來！」他在心中對著她吶喊。

「已經到了我忍耐的極限了！我要爆炸了！」他沉默著，在心中這樣吶喊。

然而，她卻完全沒有變得開心，最後還把餐點剩下了。

他的情緒中，對她的責怪占了愈來愈大的部分。

「什麼啊，不就是沒了爸爸嗎？」不知不覺間，他在內心裡強烈地譴責起她來了。

「把這麼好的菜都剩下了，你到底怎麼想的？有很多人一輩子也來不起這裡呢！吃這麼一回，花的錢可以讓有些人吃上一個月呢！」

「沒了爸爸算什麼啊？哪比得上這個世界的辛苦？在這世上，讓人辛苦的是錢！和賺錢的辛苦比起來，其他的根本就算不上辛苦！」他在心裡強烈地譴責著她，漸漸地，他也變得不說話了。

他譴責女朋友的情緒愈來愈強烈。而且一旦能量指向了譴責，就再也停不下來了。

「連休息時間都沒有的人，要是看到這兩個人如今坐在高級餐廳裡，一邊吃飯，一邊互相鬧著彆扭，到底會怎麼想呢？」

他逐漸開始認為：「唉，不瞭解現實的女人真是做什麼都不行！」

遭到這樣現實的一擊之後，自己之前覺得不滿意的事，一下子全都煙消雲散了。

「走吧。」說著，他站了起來。

「愛情真是要求一個人像神一樣啊！」他在心裡安慰自己。

然而，不管他為了女朋友多麼勉強自己、多麼竭盡全力、多麼想要忍耐，只要他依然認為「我明明為她做了這麼多」，就不是真正地愛她。

考慮對方想要的是什麼，這才是愛

愛情並不是在花園裡漫步，而是在荒涼的沙漠中行走。

恰恰是因為愛對方，有時甚至會令人感到深深的孤獨。

正因為愛，所以孤獨。人類是多麼悲劇性的存在啊！正因為愛，往往不得不獨自忍耐。

正因為愛，所以勢必會有無法對任何人言說、只能自己一個人沉默的時刻。

就算一個人為了另一半多麼辛苦工作，就算為了另一半多麼竭盡全力，只要他還對自己的所作所為抱持著「我明明都做了這麼多」的想法，他的人格就還沒有成熟到可以去愛別人。

不管你打算多麼拚命去做，但只要還在衡量自己做過的事情有多少，人格上就沒有達到能夠愛別人的成熟度。

所謂愛，並不是站在自己的立場上去為對方考慮，而是站在對方的立場上去為對方考慮。

要考慮的，並不是自己在公司有多麼忙，而是她有多麼思念父親。

「任何人到了自己生日那天，都會回想起過去，每到這一天，父親慈愛地做過些什麼。父親那麼愛自己，任何人想起他都會落寞的。」像這樣把自己所做的努力暫時置之度外，先為對方考慮，才是夠格的戀愛。

「我明明都這麼辛苦了」、「我明明為她做了那麼多」，只要還這樣站在自己的立場上看待對方，就算不上愛。

「我已經這麼努力了，卻還是無法給對方想要的。」真正在愛的人會檢討自己的不足之處。

不去一味想著自己給了對方什麼，而去想著對方到底想要什麼，這就是愛。

儘管自己很努力，但還是給不了對方想要的，並為此而感到落寞，這就是愛。

當然了，對方也必須採取同樣的態度。兩個人都採取這樣的態度，愛才能夠成立。

在故事中，從女方的角度來看，不要一味地對未婚夫訴說因為父親不在了而產生的落寞，而是感激未婚夫為自己所做的一切，那就是愛。

兩個人都能如此顧念對方的感受，愛就能夠成立。

如果其中一方想要的不是去愛，而只是單純的被愛，那麼，恐怕愛是無法成立的。

會思考對方的事情，才是愛。一個人要是打算去愛那種單純想要被愛的人，看著對方，就會知道自己沒辦法給他真正想要的東西。

所以，真正打算去愛的人，一定會從只想要單方面被愛的人身邊離開。

只想要被愛的人所渴求的是被拯救。然而，人類並沒有辦法拯救另一個渴求他人救贖的人。

唯有兩個人都想要自我救贖，才能夠相互拯救。

愛與撒嬌正好相反。愛一個人是要去理解對方，而不是尋求對方的理解。

因為要抱持這樣的態度，所以愛是痛苦的，是讓人難以忍受的。

為了有能力去愛，必須要堅強到能夠忍耐孤獨。

所謂愛，並不是想著：「瞭解我！我現在正因為思念父親而落寞呢，試著瞭解我吧！」

愛並不是繃著臉嘔氣、鬧彆扭，要求對方拋開他的感受來理解自己。愛並不會因為對方無法理解、共感自己的落寞，就跟他鬧彆扭。

所謂愛，是能夠忍住自己的落寞，試圖去理解對方的疲憊和繁忙。

可是，世界上真會有人不想得到別人的理解嗎？任何人都希望自己能夠得到理解，特別是希望得到最重要的人的理解。然而，只有不去放任這種想被理解的心情，才是愛。

愛是一件多麼痛苦的事啊！

彼此沒有心靈接觸，會產生很大的誤解

所謂糊塗的愛，就是為了給對方並不想要的東西，卻硬是咬著牙努力，而且還想要對方感謝自己。

有個丈夫想替妻子買輛車。車子這東西，學生時代靠打工去買並不難，可是對於現在要負擔一整個家的開支的他，買輛車變得難得要命。

同事約他去喝酒，他三次裡就要拒絕一次，等到終於存夠錢買了車，他高興極了。

「我可是一家知名企業的員工，房子雖然小，到底是買在首都啊，現在又買

了車！」

他覺得自己這樣就能給妻子她所想要的全部東西了，因而特別得意。

可是妻子看起來卻不怎麼高興，這讓做丈夫的很難接受。

「你到底還有什麼不滿意的？」就因為他買了車，從此夫妻倆吵個不停。

遺憾的是，他妻子想要的，和他想要的完全不同。

她根本就不想住在大都市。如果可以的話，她希望能到小城市去。她情願把大都市裡的房子賣掉，到小城市去買一間帶庭院的房子。她也根本沒要求自己的丈夫是個知名企業的精英員工，她覺得是個小城市的公司員工就行了。

她根本不關心那些。相較之下，她更關心外國文學和日本文學，很喜歡讀小說。談到她的夢想，倒不如說是，如果可能的話，希望能和丈夫安安靜靜地討論某個作家。

然而，從他的角度來看是這樣：「我是知名企業的員工，將來的生活無憂，現在又買了車，假日可以開車出去玩。這比一般人的約會要好得多啊！」他強烈地堅持這種想法。

「為了這些，我付出了多少努力啊！不，仔細想想，從我懂事的那天起，就每天一直努力再努力。今天的一切正是我努力的結果！而且我成了知名企業的精英之後，也不像其他人亂搞外遇，還為你買了車，你至少得感謝我吧！這麼長時間以來，我有多努力、多為你考慮，你都不知道嗎？」

他愈來愈惱怒。

他愈是為了妻子努力，惱怒的程度就愈深。

他是為了妻子在努力的，這話一點不假。而且他很認真地為妻子著想，這也所言不虛。

只不過是他誤解了，他誤以為妻子想要的東西和自己一樣。

而且他的誤解很深。這種誤解，其實正表明了人格的未成熟。人格不成熟的人，往往誤以為其他人想要的東西和自己想要的一樣。

成果斐然的美國精神科醫生喬治·溫伯格認為，壓抑的人會搞錯其他人到底期待自己做些什麼。用比較誇張而極端的話來說：有比較強烈的精神官能症傾向的人，會搞錯其他人希望自己做什麼。

而得不到收穫的努力，會讓有較強精神官能症傾向的人憤怒。

搞錯了其他人希望自己做什麼的人，恐怕和對方並沒有心靈的接觸。他們彼此之間並沒有深層次的溝通。

他誤以為妻子想要的東西跟自己一樣，所以忿忿不平。

當彼此追求的東西不同時，沒有辦法，就是會產生分歧。

不管彼此都多麼努力，兩人之間的鴻溝也只會愈來愈深。

並非所有的事都只要努力就有好結果。愈以為自己是為了對方而努力，努力得愈多，彼此間愈會產生惱怒。

他以為自己是很愛妻子的，但實際上，他並沒有愛妻子。

之所以說他沒有愛妻子，是因為所謂愛是要站在對方的立場上，思考對方想要的是什麼。而他只考慮到了自己。

當兩人想要的東西不一樣時，分手也是一種明智的辦法。兩人愈是想要拚命地消除彼此的分歧，愈會讓彼此都疲憊不堪，心力交瘁。

丈夫為了家庭而拚命工作，連愛喝的酒都忍著不喝。為了這個家，他什麼事都能忍耐。在公司裡，他也非常認真地勤勉工作。

然而儘管如此，在他退休的同時，妻子卻提出了離婚。男人驚訝極了，完全無法理解到底發生了什麼事。他心想：「什麼啊？這太誇張了！」可是，妻子的心意很堅決。

要想避免這種關係的悲劇，到底要怎麼做才好呢？

那就是無論如何一定要發自內心地去理解，人與人之間是如此不同。

「自己的努力與忍耐一定是對的」，這種想法是錯誤的。

就算咬著牙勉強自己也認為「這麼做一定沒錯」，這種價值觀是錯誤的。

當然了，就算認知到人與人之間是如此不同，也不一定就能完全避免以悲劇收場。不過，很多悲劇都能透過認知到這一點而得以避免。在大部分情況下，努力就可以得到收穫。

一個人如果不瞭解自己的愛人，就算把自己的整個人生全部奉獻給對方，也不可能讓對方幸福。即使奉獻上自己的全部人生，往往也並不是對對方好，甚至反而會給對方造成困擾。

人總是愛做徒勞的努力，卻常常並不瞭解彼此的差異，一味徒勞無功地努力著。

錯誤的愛，與母親對孩子的憤怒相似

這種糊塗的愛，最典型的表現就是親子關係。明明是孩子根本不喜歡的事，但父母硬是為他做了，還要生氣地說：「我為你做了這麼多，你不明白嗎？」

如果母親的內心夠從容，那麼，當孩子幫自己做了什麼事情時，哪怕實際上給自己添了麻煩，也會對孩子說：「謝謝你，媽媽得救啦！」

聽母親這麼說，孩子就很滿足，接下來會更有幹勁。

如果孩子正幫忙做家事的時候，母親卻說：「別做了，快去念書！」孩子就會失去幹勁。

那麼，母親是在什麼時候會這麼說呢？那就是母親已經竭盡全力，達到極限的時候。這種時候，實際上，母親正在內心裡吶喊：「我已經到極限了！」

也許母親正為了和婆婆之間的關係而連連叫苦；也許，經濟上，這個月捉襟見肘，正讓她發愁。

而母親在自己心裡吶喊著「救命」的時候，就會對孩子說：「我為你做了這麼多，你不明白嗎？」

實際上，母親正在發出ＳＯＳ信號。可是這種時候，如果能夠堅持下去，對孩子說：「你為我做了這麼多啊！」孩子就會很開心，決定「我要更加努力」。

不僅在親子關係裡是這樣，在戀愛關係裡也一樣。

前面寫過，「為了有能力去愛，必須要堅強到能夠忍耐孤獨。」在得不到理解、萬般委屈的時候，正是應該堅持以溫情對待對方的時候。

遺憾的是，一旦過於自我執著，就無法堅持那樣做。

一旦過於自我執著，就完全沒辦法考慮對方的立場。所謂過於自我執著，也就是對對方根本不感興趣。

只對自己感興趣，這就是自我執著。這樣的人，根本不會考慮對方正在嘆氣的心情。

明白什麼是不該期待的事情，並懂得放棄

要想理解對方，「引發出對方最好的一面」，就必須要對對方「感興趣」。

可是，與普通的關係相比，戀人之間更難懷抱著從容的態度，進行交流。對待戀人，我們的欲望和要求都太過強烈。

理解戀人，這比理解同事、上司和友人都要更困難。

和其他的關係相比，在戀愛當中，我們對對方有很大、很強烈的期待。

不管是在什麼樣的關係裡，如果是像期待魚能游泳、猴子會爬樹一樣，那麼一切都會很順利。有所期待的，是可以期待的事情，就能夠讓彼此都幸福。

正是這樣，才能引發出對方最好的一面，如此一來，戀人們能夠幸福，公司能夠順利地運轉，職員也都能夠心情愉悅，孩子可以茁壯地成長，全家人也都能夠開開心心的。

然而相反地，如果期待猴子會游泳、魚能夠爬樹，所有的關係都會變得很糟糕。當你有所期待的，是不應該期待的事情，便會讓彼此都很不幸。

之所以要對對方感興趣，就是「為了去期待可以期待對方做的事情」，也就是「為了能放棄那些不該期待對方做的事情」。

就是因為不能夠完全放棄，所以儘管員工和老闆都很努力，公司還是破產了；即使父母為了孩子辛勤工作，親子間還是彼此怨恨。

連親子關係和企業都如此，戀人之間的關係就更麻煩了。如果瞭解對方的特質、思考模式、感受事物的方式、藉由過往種種經歷而培養出來的性格，就能夠瞭解什麼是不能期待對方去做的事情，也就能夠理性地放棄。

這就是大智慧。

可是一般而言，在男女關係中，感性往往比理性占上風。大智慧最難發揮作用的情況就是戀愛關係。

美國心理學家西波里⑪說：「期待天鵝發出優美的鳴叫聲，這是期待者犯的錯。」如果能夠透過「交流」而相互理解，是最理想的了。

總而言之，只要感同身受地理解對方，就能發現「可以期待他做什麼，不能夠期待他做什麼」。

由於我們沒辦法站在對方的角度思考，所以對於對方會有不恰當的期待。就

⑪ David Seabury（一八八五—一九六〇），美國精神學者、作家。

算想要站在對方的立場上思考問題，卻還是時常做不到，這就是戀愛。

和其他任何關係比起來，戀愛關係更容易失敗。究其原因，就是因為在戀愛中，理性是最難以發揮作用的。

因此，戀愛中的人們更容易為了憤怒和失望等負面情緒所煩惱。

而戀愛以外的各種關係，也是問題不斷。

上司感慨著部屬的無能，為此一籌莫展；部屬對上司不理解自己而感到憤怒，想要辭職。結果，兩個人懷著相互的不理解、相互的怨恨，在共同的職場裡工作。

不過，在職場關係中，如果上司能夠瞭解部屬的個性，瞭解部屬從出生以來的環境所造成的感情記憶，能夠感同身受地和部屬交流，那麼或許便可以理解他了。

然而，對於戀人們來說，是沒辦法像上司和部屬一樣，冷靜地進行交流的。

就算兩個人都很認真，都很努力，都是大好人，但要把人際關係處理好，還是很難。即使只是像上司與部屬這樣的關係，即使兩個人的主張都是正確的，都很難處理好了，更何況是戀愛呢？

包括戀愛在內，在一段關係中，單靠努力、善意、認真或忍耐，是很難處理的。

對方到底討厭什麼？擅長什麼？想做什麼？這些，我們都必須瞭解。

尤其在戀愛關係中，更是如此。

有時我們會覺得對方做的事情「真無聊」、「沒什麼意義」。然而，那只是對我們來說毫無意義或無聊罷了，對方或許認為非常有意義。

對某個人有意義的行為，與對戀人來說有意義的行為並不一樣。就因為不理解這種差異，所以男人才看不起女人，女人才討厭男人的冷漠。

戀愛的熱度便會因此而冷卻下來。如果只是冷卻，那倒也還好，然而，最後往往是懷著恨意的。

最難避免發生不必要的麻煩的，就是戀愛關係。

比普通的人際關係更要求一個人人格成熟的，正是戀愛關係。

人類是透過許多的愛情經驗，一邊受傷、一邊成長的。明明以為自己是在愛著，但有時卻發現自己根本沒有在愛；以為自己被某個人愛著，後來卻發現實際上對方完全不愛自己；儘管相信彼此是相愛的，卻怎麼也相處不好；有時發現彼此想要的東西不一樣，兩個人都在勉強硬撐著。

每當這種時候，都讓人受傷，並從中成長。

對人類來說，活著是很辛苦的事。

所謂愛，就是接納對方的一切

前面舉了好多場幻滅戀情的故事。其實，透過這些戀愛的例子，我想說的是，愛情未必都是一個人自然而然發出的感情。

依賴心理強的人在談到愛的時候，想的往往是得到愛，而非給予愛。

美國有個社會學調查結果，訪談了一百位海洛因成癮患者。

其中，有個名叫山姆的男性藥物依賴患者。山姆和某個女人關係親近了起來，她勸山姆不要再碰毒品了。

她不希望自己和毒品扯上關係，所以決定和山姆分開一個星期。她和山姆約定好，在這一星期裡，如果山姆不碰毒品，過一個星期後，他們就能再見面。她說：「如果想要和我交往，你就戒毒吧！」

一個星期後，山姆吸了毒，意識不清地去見她，於是女人和他分手了。

這時，山姆說了什麼呢？

他說：「如果她真像她說的那樣愛我的話，怎麼可能會丟下我不管呢？」

對海洛因上癮的山姆沒辦法反過來思考問題。他絕對不會說：「如果我真的愛她的話，我一定不會吸了毒去見她。」而且他也沒辦法那麼想。

海洛因成癮患者的特點就是依賴心理很強，並且，缺乏積極的態度。

愛情未必是所有人自然而發的情感。準確地說，所謂愛情，也有需要學習的一面。

「想要被愛」的心理大概是與生俱來的吧！對小朋友來說，被愛是必需品。

對母親的固戀在多大程度上能得到滿足、在多大程度上會不滿足，這都是因人而異的。

這取決於小時候，自己希望母親為自己做的事，到底在多大程度上真正得到滿足了。

想要和媽媽玩的時候，媽媽有和自己玩了；想要媽媽給自己東西吃的時候，吃到東西了；希望媽媽帶著自己去買東西的時候，帶著自己去了……

就像有一首俄羅斯民謠所唱的：「媽媽在深夜裡為我編織手套。」孩子會為此而高興。

孩子會因為「得到」而高興。

有的孩子得到了專為他營造的，和母親在一起的世界，有的孩子則沒能得到。

克服了依賴與自戀，才能夠去愛人

即使什麼都不學，人也能夠被愛。就像性行為即使沒人教也能會一樣，被愛也是不用教就會的一件事。

然而，「去愛人」則包含了需要學習的部分。

當然，可能也有人持不同觀點吧。

有一本書叫做《具有免疫力的人格》（*The Immune Power Personality*）。書中引述了一個叫做阿蘭・拉克斯的人的學說：志願助人者，可以讓助人者自身的健康也得到改善。

從事幫助他人的活動，情感和肉體都能夠得到活化。

幫助他人可以讓人得到滿足感，感受溫情，減少煩惱和苦痛。

書中對從事志工活動的數千人實施了問卷調查，統計分析發現，幸福感和健康是有關聯的。

也就是說，幫助他人也能夠帶給助人者力量。生物如果不在競爭的同時也互相合作的話，物種就無法得以維持。幫助他人，能夠讓一個人得到健康的回報，這從演化論的角度也能夠得到解釋。

幾個月大的小寶寶就已經對他人表現出興趣了。而到了兩歲左右，孩子就已經有幫助他人的意願了。

當然，我並不是要反對這種觀點。但是實際上在成長過程中，如果不克服各式各樣的障礙，這種助人的傾向就無法得到進一步發展。

那是因為在現實世界裡，並非只有理想的母親。現實中的母親，並非都具有母性。

被愛的喜悅是與生俱來的，然而去愛的喜悅，卻不像被愛那樣，純粹天生。去愛，那是與自己的自戀作戰，逐漸克服自己人格的不成熟，是這種痛苦的心理成長的結果。

所謂去愛，是對戀人本身感興趣。自戀者只關心愛著對方的自己，因為想看到自己愛著對方的身影，所以才去戀愛。

他們只會為了在愛著的自我身影而沉醉。「我愛著你，你無法想像我到底有多麼愛你吧！」這種像是競選拉票一樣的愛情口號，只不過說明了他是為自己的倒影而陶醉。

「我是多麼愛你啊！為了你，不管什麼，我都能忍受。」在寫出這樣的話語時，寫信的人是多麼神采飛揚啊！

而實際上，不管對方是誰都無所謂。重要的是要寫出自己有如獻身般的「愛的美感」，這才是寫信者的目的。

寫信的人沉醉於這種獻身愛情般的美感。「我是個多偉大的人啊！」如此迷戀著自己。

這就是和競選拉票一樣的愛情口號。

所謂去愛，既是戰勝自己的依賴心，也是克服自己的自戀。所謂去愛，就是哪怕自己的評價會受到損害，或者讓自己很不愉快，如果那是對方為了讓他自己成長所希望做到的事，也會容許他去做。

無意識中對母親撒嬌的男人

舉例來說，有個上班族結婚了，妻子的年紀比他大，是高中歷史老師。讓他和年長的妻子順利交往下去的，是包括性愛在內的一些極簡單的原因。

他是個依賴心極強、什麼事都沒辦法自己下決定的人，總在無意識間還想對母親撒嬌。

身體年齡和社會年齡看得見，可是，心理年齡卻看不見。

問題就在這裡。雖然他已經三十八歲了，卻像個男孩一樣，「想要對媽媽撒嬌的時期」還沒有結束。這種時期結束了的人是幸福的，沒有結束的人是不幸的。

長到三十八歲，他已經不能直接向母親撒嬌了。但是，向被當成「母親代理人」的戀人撒嬌卻是可以的。他希望戀人像母親一樣「無條件地」愛他。總而言之，他要求戀人成為他的代理母親。

他想要的，並不是做了好事就得到讚揚、做了壞事就被批評的父性的愛，而是「不管自己做了什麼，都是對方的錯，而自己完全沒有錯」的這種袒護自己的愛。

幼兒的願望、亂倫的願望、撒嬌的欲望、對母親的固戀，這些基本的欲望，靠父性的愛無法得到滿足。

而且他希望能夠無休止地被讚揚。「無休止」是這裡的關鍵。聽不到讚美，他的自戀心理就會受到傷害。

自戀者只關心對方能否不斷地讚美自己：「真不愧是你啊！」

另一方面，他們對於針對自己的批評也超級敏感。即使別人是出於好意而給意見，也會令他們感到受傷。

用佛洛姆的話來說，除了他人對自己的反應以外，他們根本就不注意他人。甚至如果不被所有的人愛，他就不滿足。

總而言之，這樣的個性是很不成熟的。

長大之後還有著和幼兒一樣的願望，就會不斷受傷。

一味地渴求被愛之人總是在受傷，因為他們得不到自己所渴求的那種愛。

成長之後，還渴求像小時候一樣的愛，這是不可能的。得不到想要的東西，當然會受傷、會怨恨。

當戀愛最初的興奮熱度冷卻下來之後，他開始因為妻子比自己賺的錢多而不開心了。

那是因為他的自戀心理——或者以卡倫．霍妮的話來說，是他的精神官能症式的自尊心被徹底傷害了。

「就是因為你工作，所以讓我在公司裡很沒面子。」「好老婆會更盡心地照顧丈夫。」他就這樣不停地罵妻子。

然而，他是因為妻子賺的錢夠多，才能請同事們喝酒的。而且他也想利用請人喝酒的機會，得到大家的讚美，所以他也不願意讓妻子辭職。

他一方面說著：「你去上班，對我來說是非常大的困擾。」同時又希望妻子去工作。

因此，他的妻子並沒有馬上辭職。可是沒過多久，因為他精神官能症式的自尊心實在不能容許妻子賺的錢比自己多，就逼妻子辭職了。

儘管妻子辭職了，但兩人的婚姻卻並沒有因此走上正軌。妻子辭職並沒有消除他的自戀心理。他們的婚姻生活爭執不斷。

為對方實現願望，愛對方真實的樣子

「去愛對方」應該是什麼樣子的呢？那就是：既然妻子要教書，就讓她去教書。讓妻子實現對歷史感興趣、想成為歷史老師的願望，就是去愛她。

捨去因為賺的錢比妻子少而受傷的自戀心理，捨去男人敏感的自尊心，這就是去愛。

其實，捨去所謂男人敏感的自尊心，這是更加男人的行為。

「我賺錢比你多，我來養你！」這種「虛假的自尊」是幼兒般的感情，根本不男人。

那只不過是想要透過「我賺得比你多」來掩蓋受傷的自戀心理，而做的苦苦掙扎而已。

因為他沒辦法消除自己的自戀心理，因為他被無力感、不安以及自卑感所困擾，所以才在意收入的多少。

他只是很苦惱要怎樣從自己的無力感中逃脫，要如何擺脫自己的不安和自卑感等痛苦，卻不關心妻子對於自我實現的要求。

他的情緒原本就不太穩定，因為「妻子的高收入」這個導火線，讓他的情緒徹底地亂了。

依賴心強的人，沒辦法去愛人

所謂去愛，就是要克服自己人格的不成熟，承認妻子有她自己存在的意義。

認為「女人只要在家裡就好了」的想法，只說明了男人沒有自信。

那只不過是男人想要透過男女之間的階級關係，來安定原本就存在於內心的不穩定。

受內心不穩定所苦的男性，為了能感受到自我的優越性，所需要的兩性關係是男尊女卑的。因內心不穩定而痛苦的男性，只有在女性面前擺架子的瞬間，才能從痛苦中獲得拯救。

他們以為擺架子很男人，其實一點也不，只能說是人格的不成熟。

人格的發展停留在某個不成熟階段的男人，只不過想要硬是把女性拉入自己的生活裡，以此來解決自己內心的糾結。

這行為豈止是不男人，根本完全是小孩子哭喊著找媽媽的模樣。

從這種意義上來說，女性是不可能從戀母的男性那裡得到愛的。

戀母男人並不想靠自己來獲得內心的穩定，而是試圖透過對女性擺架子來獲得。或者，他們會試圖透過喋喋不休地批評自己的戀人，來獲得內心的穩定。

去愛，需要覺悟和努力

去愛別人與性行為不同，並非不聞不問、什麼努力都不做便能成功。它也不像被愛，不是從一開始就會讓人心情舒暢。

只要一個人的人格沒有成熟到對戀人本身產生興趣，就不可能做到真正的去愛。

對自己以外的任何事物都完全不感興趣的人，怎麼可能去愛呢？只有能夠對於他者感興趣的人，才可能去愛。

當我們在院子裡種花澆水，讓花長大的時候，感興趣的並不是自己澆了水才讓花長得這麼美麗的這件事，而是對花的生長、花本身的美麗的關注，這才是「對於他者感興趣」。

也就是說，要看一個人能夠用掉多少時間來描述花本身。

「不管早上再冷，我也會幫它澆水喔！」只關注自身的人會用上一、兩個小時，不停地說著自己為花做了什麼。

但他卻無法也用上幾個小時，聊聊花開之後，經過一天、兩天發生的變化。

養狗也一樣。「狗狗和我多親啊！」「狗狗對我多忠心啊！」「我為了養這條狗，不知吃了多少苦頭。」自戀者會不停地講這些。

但他卻無法持續談論狗兒本身的好。

說起來，有自戀傾向者，看到動物時，並不是覺得「好可愛啊」，而是擔心自己會不會被傳染疾病，他們關心的是自己的身體。

換句話說，他們根本不關心外部世界。自戀者害怕自己會生病，無休止地被自己的身體奪去了注意力。

參加棒球比賽時也一樣，自戀者會沒完沒了地說自己有多活躍，還有裁判對自己有多不公平，卻無法熱情高漲地談論棒球本身多麼有趣，或者比賽中有什麼樣的雙殺、投手投了什麼樣的球。

不僅對自己感興趣，而且能把興趣擴大到其他對象，這是心理上成熟的條件。

不僅為戀人有多麼愛自己而喜悅，而且對戀人在與自己完全無關的生活領域中所做的事也感到喜悅，這才是心理上的成熟。

除了「自戀者」這個詞，還有一個詞叫「自我執著」。執著型人格的人也很自戀。

自戀者的熱情，也是自我執著的能量。

有很強的自我執著，意思就是說，完全沒辦法考慮對方的事。

自我執著極強烈的人，對於對方根本不感興趣。只對自己有興趣，這就是自我執著。

對外界不感興趣，這說明了他們內心有多麼糾結。

意識與無意識背道而馳，奪去了他們的注意力，讓他們對周圍的世界不感興趣。也就是說，存在於他們內心的糾結，奪去了他們的注意力。

就像是打內戰的國家，對外國不感興趣一樣。

比方說，有的人為自我執著而深深煩惱，於是他寫信給別人，卻根本不想想讀了自己寫的信，對方會怎麼想。

他們無法去考慮，假如從對方的角度來看，「自己做的這件事會造成什麼影響」。

他們優先考慮的只是「我很痛苦」，而無法去考慮讀信人的立場。

又比如說，有個人很想見某人，於是他說：「來見我吧。」卻無法考慮「對方怎麼想」，以及自己要見的人的立場。

他們無法考慮在對方的心目中，自己處於什麼樣的位置。

他們考慮不到對方也有工作，也有自己的生活。

他們會糾纏住表情憂鬱的對方，卻無法想像「對方是討厭自己吧」。

有著強烈自我執著的人，無法站在對方的立場上，思考自己所作所為的意義。

例如，有的人會嘮嘮叨叨地描述自己小時候有多慘，卻無法想像聽了自己的抱怨，「對方根本不感興趣」。

他們想像不到的是，自己小時候的經歷對於對方來說根本沒意思，才會不停地訴說。

他們根本不考慮，自己小時候和朋友之間發生了什麼、家庭關係如何、老師是什麼樣的人，這些對陌生人來說一點意思都沒有。

自我執著很強的人，根本不去考慮聽話者的感受。

關於戀愛，自戀的人有種錯覺，以為只要自己搭訕一聲，對方就會應聲而來。

因此他們幾乎不去想自己應該向什麼樣的人搭訕，也幾乎不去想對方是不是適合自己。

與自我執著很強的人及自戀者相反的，是無我之人。

所謂「無我」，是指能夠體察對方的感受。

我們常常說的「無」，不就是克服了自戀的心理狀態嗎？佛洛姆也這麼說過：「佛教教義中所謂『開悟的人』，就是克服了自己的自戀心理，達到完全徹悟境界的人。」

想要去愛的欲望，代表了一個人的成熟

正是對於外在對象感興趣，才說明了一個人的人格成熟度，同時也代表著精

神生活的寬廣。

不管是小孩或成人，每個人都會很關心戀人到底有多麼愛自己。而所謂去愛，是對對方本身感興趣，並且由於這種興趣，不斷地發現一件又一件開心的事。

將自己性格中不成熟的部分割捨掉，去愛別人，由此而體會到的喜悅，未來會引發出更大的愛。這就是在愛中學習。

正因如此，所以愛需要花時間。而那名讓自己的妻子辭掉教師工作的男人，他不能發現愛中的喜悅，所以仍然和妻子爭吵不斷。

如果他能夠為妻子創造出去圖書館看書的時間，妻子就會變得充滿活力，兩人的關係可以因此變得很融洽，這對他來說，也是一件值得高興的事。

接著，這種喜悅的體驗會讓他更願意去激勵妻子對工作的熱情。

想要去愛別人，這種欲望並不是人類天生就有的。人類是試著去愛，然後變得欣喜。

這就是所謂在愛中學習。

相反地，「想要被愛」這種欲望卻是人類與生俱來。然而，被愛這件事雖然能讓人愉快，卻無法提高生命的價值。

被愛不能給予人們生存的意義。然而，「去愛」卻能賦予人們生命的價值，為人生賦予意義。

「喜歡」是人類與生俱來的能力。

不過，喜歡上與去愛，還是兩件事情。

很多人誤以為喜歡上別人與去愛別人是相同的。

要是喜歡和愛一樣，那麼，所有的人類都必須沒有個性，必須全都有同樣的欲望、全都對同一件事情感興趣，全都因為同樣的事感到幸福，也全都因為同樣的事而感到不幸。而且關鍵是，人與人之間必須能夠立刻達到相互理解，這一點是大前提。

正因為人與人之間都是不同的，所以，一個人可以很容易地「喜歡上」，卻無法很容易地「愛上」。

基本上，一般人都會認為別人和自己是一樣的。自己希望的事，便以為別人也如此希望。

然而，若抱持著這種看待他人的觀點，正表示了人格發展還停留在很不成熟的階段上。

有些懷抱著小嬰兒的母親，因為自己覺得孩子非常可愛，就以為所有人都和自己一樣，覺得這孩子特別可愛。

因此，要是有人對這孩子不感興趣，她就認為這個人太冷漠。

自己覺得很好玩的事，別人也可以覺得很無聊。自己覺得無聊的事，也許對其他人來說很有趣。

有的人不願承認彼此的差異，便認為凡是與自己不同的，就是冷漠的人，就是不好的事。

他們無法承認人與人的相互理解是十分困難的。人格不成熟的母親，基本上都認為自己十分瞭解自己孩子的內心。

正因如此，所以當孩子做了一些出乎她意料的事情時，她便感嘆「雖然是我的孩子，可是我竟然不懂他」。母親會因此而感到震驚，是因為她認為既然是自己的孩子，自己當然很懂他。

「我要不是他的親媽媽啊，他不說，還根本搞不懂他想要什麼呢！」有的母親會得意洋洋地這麼說。她完全無視於孩子努力去適應父母的行為，以為自己什麼都能理解。

而且，愈是這種相信自己能完全理解他人的人，愈會感慨別人不理解自己。自認為「就算孩子什麼也不說，自己也很瞭解他」，這種自誇的母親一定會說：「媽媽的心情，你能理解嗎？」因為她們以自我為中心、自以為是，人格很不成熟。

這種人就是把「喜歡」和「愛」混為一談了。他們誤以為喜歡上了，就是愛上了。

他們也有一種幼稚的想法，認為好心就絕不會做出壞事。自己是出於好心、出於熱心才那麼做的——有很多母親在親子關係上都像高中生似的，試圖如此把自己的行為正當化。

只要自己與其他人不同，那麼，不管多麼出於善意地去做一件事，都有可能對他人造成困擾。但他們卻不會發出這樣的疑問：「說真的，我到底能不能幫助到對方啊？」

自己是為對方好，也有能力為對方付出那麼多。然而最重要的，還是要問問自己一句：「說真的，我到底能不能幫助到對方啊？」

喜歡和愛完全不同

自己為對方做的事，搞不好會造成對方的困擾。搞不好，他根本就不希望我這麼對他。

如果世上所有人都有同樣的願望，那麼，也許喜歡和愛是相互關聯的。然而，既然人與人不一樣，那麼喜歡和愛也完全不同。

就是因為我們往往誤以為喜歡和愛是一樣的，才無法俐落地處理人際關係。對於萍水相逢的人，有些人很難只是祝福對方就乾脆地分開，總覺得自己能為對方做點什麼。

彼此陌生的人，只要相互祝福之後分開就好。人類悲哀的宿命正是在於做不到這一點。

有時候，我們會以為自己一定能為對方做些什麼，儘管彼此陌生的人原本就沒有任何關係，彼此認識的人也只需要相互祝福就好。

這就是過分地為對方操心了。

而如果對方沒有為自己也做點什麼，我們就會加以記恨。

這樣的人不願意承認，其實人與人之間，往往都只存在著「只需要彼此祝福就好」的關係。

因此，就算厚著臉皮，也必須要接受別人的好意。甚至認為如果覺得對方的心意很煩，那一定是自己有問題。而如果自己的好意不被接受，也會讓我們動怒。

成長是痛苦的。

一個人，只有被逼到「是要成長？還是去死？」的地步，才能成長。

我們必須「宣告和幸福分手」。除此之外，成長再沒有其他途徑。

拋棄掉自己的，也會拯救自己。意識不到這一點，才是人類的悲劇。

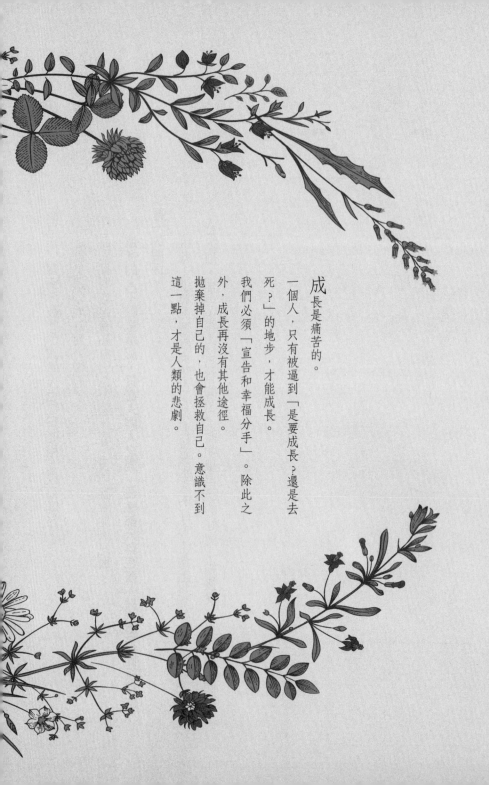

第五章

痛苦，證明我們有了「去愛」的能力

痛苦，證明我們有了「去愛」的能力

無法獨立，也無法去愛別人

當我們能夠給予自己肯定的時候，不是才能去愛別人嗎？

當一個人總是需要其他人給予讚美和尊敬，或者總是很害怕被其他人討厭，是沒有辦法去愛別人的。

我們小時候，有一段時期，能夠得到父母的讚美比其他什麼事都要高興。在那段時期裡，不管我們做什麼，都是為了能夠被父母誇獎。

在那個時期，怎麼能夠去愛別人呢？

我們年輕的時候，有一段時期需要獲得同儕認可，也就是朋友稱讚我們，就讓我們很開心的時期。

這個時期的戀愛，往往是為了要談給朋友們看。

有一個妻子，她很得意地對鄰居們誇耀，自從結婚以來，她從來不幫丈夫做早飯。對她來說，周圍人的認可非常重要，她期待能夠得到旁人的尊敬。

她希望所有人都知道，她是如此被丈夫寵愛著。這對她來說非常重要。

而且，她還在別人面前吩咐剛回到家的疲憊丈夫去泡茶，因為她想讓其他人看看這個畫面，希望別人知道她是被寵愛的。

有很多人也是像這樣，藉由他人的評價來肯定自己。

透過讓其他人看到這一切，自己的情緒能夠得到穩定。那個妻子不僅是透過與丈夫之間的愛來肯定自己、讓自己的情緒得以穩定，並且，還透過讓別人看到她和丈夫的「愛」、透過他人的讚賞，來得到情緒的穩定。

對這樣的人來說，最重要的並不是對方的心情或對方的健康，而是能夠讓自己的情緒穩定。

戀人或丈夫只不過是為了讓自己的情緒達到穩定的工具而已。經由讓其他人覺得「羨慕死了」，她希望能夠讓自我安定下來。

有不少男人試圖透過粗魯地對待女性，來展現自己的男子魄力。然而實際上，如此顯現的並非男子氣魄，而是人格的不成熟。

他們只不過試圖以粗魯地對待女性來確認自我，以及確認自己對他人的價值。

這些無法靠自己來堅定自我內心的男性，或者在心底深處為自己的無力感所苦的男性，在其他人面前，更是變本加厲地粗魯對待自己的戀人或妻子。

在那些時刻，他們沒有考慮被如此對待的對象的心情和立場，一心只想要讓自己的心理得到安定。他們的全副精力都花在如何讓自己從痛苦的無力感中解脫出來。

正因如此，他們才會把沉重的行李都扔給女性，自己一個人得意洋洋的。

此外，在這種人的身邊，也聚集著一些會對其行為表示讚賞的人。他們是要依賴外界的狀況來讓自己的內心獲得安定。

這些人都沒有去愛人的能力。聚集在他們身邊的，也都是同樣的人。

就像卡倫．霍妮所說的，**自我蔑視會破壞愛的能力。人一旦自我蔑視，就會要求「被別人愛」，並且只執著於此。**

換句話說，他們對「去愛別人」完全不感興趣，因為他們的全副精力都拿去解決自己內心的糾結了，所以根本無暇顧及其他。

能不能去愛別人，這屬於人格的問題，所以，沒辦法去愛配偶的人，也沒辦法去愛孩子。

沒辦法去愛戀人的人，也沒辦法去愛朋友。

所謂愛，是去愛對方。內心沒有餘力去考慮對方的人，怎麼能夠去愛呢？

必須在其他人面前自吹自擂的人，沒辦法去愛。因為在其他人面前過分自吹自擂的人，非常需要得到他人的尊敬。

需要得到他人尊敬的人，也需要讓戀人珍視自己。雖說是要得到戀人的重視，但他們需要的，並不是珍惜自己的可能性，而是需要戀人像母親袒護孩子一樣地，袒護自己。

需要得到他人稱讚和戀人袒護的人，怎麼能去愛別人呢？

需要得到他人讚美和尊敬的人、需要因此獲得內心安定的人，沒辦法去愛別人。同樣地，需要獲得他人同情的人，也沒辦法去愛別人。

有不少人希望別人說自己：「你好可憐啊！」

感慨著自己「好難過」的人，並不是真的在說：「我好難過。」而是在說：「我想要更多人關注我。」也就是在乞求別人的愛。

試圖博取同情，獲得心理安定的人

有一個男人是家裡兩兄弟中的弟弟。他在大學時代戀愛了，他經常告訴戀人，自己從小就被父母差別對待。

他抱怨：「我爸媽一直都寵著我哥，我沒有得到父母足夠的愛。」他訴說著自己對愛的飢渴，把自己描述成悲劇主角。

於是戀人會說他好可憐。被人說自己可憐，這對他來說比什麼都高興。

「我是個可憐人。」仔細想來，沒有比這個更有利的處境了。

就算自己個性乖僻，那也是因為自己很可憐，沒辦法。所以四周的人應該寬容這樣乖僻的自己。

因為自己是不被父母疼愛的可憐人。

他也可以行為放肆，即使他再怎麼亂來，大家也不能批評舉止不當的他。

因為他是不被父母所愛的可憐人。

自己是可憐人，這種傾訴，就是在要求無條件的愛：因為自己有無條件被愛的資格和權利，因為自己是可憐人。

就算是心理健康的人，恐怕也希望能夠無條件被愛吧？然而，心理健康的人並不會這樣要求對方，更不會想到什麼資格和權利。

大學畢業，進入社會之後，就連戀人也覺得他很煩，從他身邊逃脫了。於是，他開始頻繁地出入酒吧，對陪酒小姐大肆宣揚「自己是個可憐的男人」，以此博取同情。

再後來，他沒有錢上酒吧了，便挪用公款，最後被開除了。

對於這個男人來說，人生就這樣定了局。

不過，我這裡還有一個稍微不同的女性例子。有個女人結婚了。她是個非常嚴重的自戀者，容易為自己做過的一點點小事而沉醉不已。

「我很愛我的丈夫，可是丈夫卻不珍惜我，我真是個可憐的女人。」她就這樣把自己變成了悲劇女主角。

後來，她有了孩子，在孩子大約三、四歲的時候，她便開始無中生有地對孩子說：「媽媽被爸爸欺負呢！」把自己和孩子，封閉在母子倆的世界裡。

有一天，孩子對父親說：「爸爸，你別再欺負媽媽！」據說丈夫聽到這句話之後，痛苦得不得了。

這個女人為了讓所有人都說自己很可憐、為了博取同情，把和自己有關的人們全都拖入了泥淖。

這樣的女性恐怕既不愛丈夫，也不愛孩子吧。對她來說，重要的既不是孩子，也不是丈夫，而是自己的心情。

她只不過是想要被所有人說「很可憐」，以此獲得心理的安定，而連累了親人。

學習靠自己，堅定自我的內心

前面敘述了兩種完全相反的狀況。不過，這兩種狀況背後所牽涉到的心理狀態，實際上卻是完全相同的。

前者向他人賣弄自己是被愛的、是受寵的；後者則向他人訴說自己受人欺負，很可憐。兩人都無法靠自己來堅定自己內心，而試圖透過其他人的言行舉止來給予自己幫助。

無法靠自己的力量來堅定內心，經常感到不安的人，也無法對事情有具體認知。

前面提到的那名自戀女性，儘管她其實一點都不愛丈夫和孩子，但她卻自以為很愛他們。

舉例來說，她根本不想協助丈夫的事業。她是個商店老闆娘，丈夫曾經把記帳的工作交給她，她卻算得錯誤百出，簡直讓他無可奈何。

無可奈何的丈夫十分耐心地一遍一遍教妻子怎麼記帳。然而，她連簡單的計算都算不對，記帳的方法也亂七八糟的，讓人失望至極。

照現在的話來說，就是她連Excel、PowerPoint和Word都不會用。

實際上，這位老闆娘根本就沒有要記帳的意願。她沒打算和丈夫一起努力工作，經營自家的商店，沒想過和丈夫一起開拓人生。

因此，她甚至連最簡單的計算都會算錯，而且做錯了這些事情還抱怨連連。

她只想著坐車出去玩，如果丈夫要她幫忙做一點事，她就一整天不高興。

而且，她還到處去為自己亂買大衣、鞋子和包包。

儘管如此，她卻還滿不在乎地在日記裡寫下「我是多麼愛你啊，我要一直和你夫唱婦隨」之類的話。

她不能從具體的、必須做的記帳工作的態度上，來思考自己的愛。

如果真的愛丈夫的話，幫他做事應該會很開心，應該會自發地想要幫他做事，兩人一起做一件事情應該會讓人感到快樂。但她並沒有這麼想。

她只想著抽象的愛，可是，卻絕對不會把它和具體的事實聯繫起來。不安的人會針對抽象的愛長篇大論地演說，會寫誇大其詞的情書。

然而，這些長篇大論的演說和讓人厭煩的情書內容，他們卻不打算一個一個具體地去實現，也不打算具體去思考愛情。

總而言之，他們是活在想像的世界裡，喪失了對現實的感覺。

他們被「偉大的戀愛」奪去了思考能力，而失去了「活在當下」的能力。

不安的人無法為當下的這一瞬間而感到快樂。他們不珍惜當下與對方在一起的時間。

跟抽象的對象戲說愛情很容易，去愛現實中存在的具體對象則很難。

若要靠自己的力量來堅定自我的內心，從另一個側面角度來說，就是要拋棄對其他人的恐懼心理。

認識內心的矛盾糾結，才能夠克服它

常常有年輕人在離開家鄉去讀大學之後，開始和戀人同居，其中，大多數的人都瞞著父母。

為什麼要瞞著父母呢？或許是出於害怕。當然，也有人是因為「一旦被父母知道的話，他們就不給生活費了」這種具體的理由而隱瞞。

先不管那些具體的理由到底是對是錯，是理所當然還是有問題，這裡要說的，並不是因為具體理由而瞞著父母的大學生。

這些學生是真的愛著戀人嗎？我認為他們倒沒有必要刻意讓父母知道自己在同居。我覺得「刻意告知」是一種反抗，也是害怕父母的另一種表現。

沒必要刻意告知；相反地，也沒必要特意隱瞞。只要順其自然就好。

問題的關鍵在於：這件事快要被父母發現的時候，該如何處理？此時，這對戀人是會分手呢？還是仍然在一起？

我們假設現在男方的父母就要發現了。這時，男方自然會劃分成兩種人：就算被父母知道了，仍然繼續和女友同居；以及快要被父母發現時，就和女友分手。

就算被父母知道了，但仍然選擇同居的男孩沒有問題。那些快要被父母知道時就擺出一堆藉口的男生，才是最有問題的。

「孝順父母很重要，要讓爸媽擔心這種事我做不到，他們那麼辛苦才把我養大的。」

和戀人分手的藉口，要多少有多少。然而究其心理，只不過是害怕父母罷了。這種時候，他們既畏懼父母，又畏懼自己的女朋友。

總之，那是一種「依賴與畏懼」的心理。依賴心理嚴重的人，會畏懼他所依賴的人。

「我做不到讓父母擔心。」他們透過這樣的宣稱，來隱藏自己幼兒般的依賴心理。他們把透過這種依賴心理而搭建的世界理想化，也讓自己理想化。

藉由說「我做不到」，而把自己「理想化」成為有血有淚、感情豐富的人。

而且，對於自己的戀人，他們也會宣稱：「我並不是因為不愛你，才和你分手的。」打算經由這樣的聲明讓對方的愛意懸崖勒馬，又能夠避免被對方憎恨或輕蔑。

可能有的人會說，之所以那麼做，是因為覺得如果自己讓父母傷心的話，父母就太可憐了。但這麼說的話，關注焦點仍然不在父母，而是在於自己。只是因為看到父母傷心的樣子，對自己來說是一種痛苦，所以才想要避免那樣的事發生。

我之所以這麼說，是因為說出這種話的人，基本上，面對其他狀況時，也可以若無其事地做出不顧對方立場和感受的行為。

為什麼我們愛得這麼累

有的人儘管在日常生活中完全自我中心，不考慮對方，卻完全沒有察覺自己在踐踏對方的立場和感受。

這樣的人在和戀人分手時，常常會說：「讓我爸媽傷心的話，他們就太可憐了。」彷彿自己並不是自我中心的人。

總而言之，在快被父母發現就和戀人分手的情況下，這種「我沒辦法讓我爸媽傷心」之類的話，都是謊言。

會那麼講，是因為畏懼戀人，不想被戀人輕蔑而已。此外，也還是想避免看到父母傷心而引起自己的痛苦。

這是由於做出了違背父母期待的行為而意識到的罪惡感，是虛假的罪惡感。

在這種時候，真正重要的應該是坦然直視自己的內心。在自己心中糾結著的，是對父母的畏懼心理，以及對戀人的愛情。

是這兩股矛盾的其中一方，在驅動著我們的行為。

我們只有透過認清自己內在的矛盾糾結，才能夠加以克服，進而有所成長。

只要我們還不能正視自己內在的矛盾糾結，就沒有成長，並且也無法成熟到能夠去愛其他人。

讓我們有所畏懼的，並不只是父母。我們也會畏懼戀人。等到自己做了父母，又會反過來畏懼自己的孩子。就是因為我們會畏懼他人，所以才很在意別人的看法。

再繼續說明剛才所舉的例子吧。當父母快要發現的時候，說「我沒辦法讓我爸媽傷心」而和戀人分手的男人，表面上看起來並不是受傷的一方。

然而，為了不受傷而用心良苦找藉口的人，不管男性或女性，都會喪失最重要的東西。那就是自己的完整性，以及交流的能力。而且，心靈的「負債」會愈來愈多。

這些逃避的人，無法逃離總是壓抑著自己的不自由感。

向高利貸借錢的利息非常高，同樣地，心靈負債的利息也非常高。

假若即使被父母發現了，男孩也要繼續與戀人同居，他就會受傷；或者，如果他乾脆地向戀人提分手，說：「對我來說，父母比你重要。」他也會受傷。

人格不成熟的人堅信「安全第一」，他們會避免自己受傷，一心考慮的是如何能夠不受傷，而沒辦法去體會愛的喜悅。

心靈成長最關鍵的，並不是害怕受傷，或用心良苦地試圖不讓自己受傷，而是能夠忍耐傷痛，在傷痛之中，努力維護自己心靈的完整性。

在傷痛中維護內在完整性，才能夠發現自我的內心。

這才是所謂的積極成長。

人不受傷，就無法獨立

不過仔細想來：忍耐傷痛，在傷痛中維持自己的完整性，克服傷痛，如此才能為我們的心靈帶來成長。一個人不正是透過這些，才能達到心靈成長的嗎？不，應該說，**一個人不正是到了心靈可能成長的關鍵時刻，才會受傷的嗎？**

當我們還是小學生的時候，還沒有想和戀人同居的心理以及肉體上的欲望。在那個時期，否定父母、和父母對立的一面，還沒有表現出來。

父母那時還不是壓抑我們欲望的對立者。

然而，等到人的身體成長了，到了一定的年紀，就會產生想要和別人同居的欲望。只有從這個時候開始，才會出現我前面寫的例子裡的這些問題。

在我們還是小學生的時候，恐怕是不可能戰勝父母的，也沒辦法消除對父母的畏懼心理，最主要是因為並沒有那個必要性。

然而，所謂表現出同居欲望的時期，同時也是有可能戰勝父母的時期。正因如此，同居的欲望才會表現出來。

當然，也並不是所有人都會這樣。世界上有許多人都是等到在父母、朋友的祝福下結了婚，才開始一起生活的。

不過，正如現代社會中，無論有錢人或月光族都會有自我孤立感一樣，這件事的概念也很相似。

雖然性質和意義不同，但這兩種方式，都只能確認虛無的自己。

在表面上獲得了祝福而結婚的人當中，有些人對於以親子關係為中心的各種人際關係存有幻想。

從和愛人住在一起的時候開始，父母和子女過往的關係就產生變化了，但做子女的卻幻想著透過獲得父母的贊同，繼續保持像過去一樣的關係。

有的人認為：如果緊緊抓住幻想不放就可以免於受傷的話，那麼，抓住幻想又有什麼不對呢？

然而，這是根本性的錯誤。因為這種抓住幻想不放的夫妻，有一天也會成為父母，當他們做了父母之後，會徹底地壓抑自己的孩子，限制孩子發展自我，不讓孩子自己的可能性開花結果，也不允許孩子為自己而活。

只有克服了與父母的矛盾對立，進而成長了的自我，才能夠鼓勵自己的孩子自由和獨立。

緊抓住幻想不放的父母，在自己與孩子的關係中，不但不允許孩子長大對抗自己，還會徹底地教孩子認為那種事是錯的。

人格不成熟的父母所給予的教育，只能讓孩子在心靈上永遠得不到成長。他們認為孩子的心靈不成長，才是親子關係的理想型態。

終有一天，和父母在一起時，孩子會有一種莫名的不快感。和父母相處時，他們會感到和過往有什麼不一樣。

也或許，孩子在沒能獨立的情況下，身體長大了，卻沒辦法與異性建立愛與被愛的關係。

只有能夠靠自己來堅定自我內心的人，才能夠去愛。

而那些能夠靠自己來堅定自我內心的人，是在有如陣痛般的痛苦中產生的，絕對無法從一成不變的溫床中產生。

別在乎別人眼光，給自己獨處的時間

有一個女孩叫「Ａ」，小學老師給她的評語是：「這孩子臉皮太薄，什麼事都讓著別人。」

女孩長大後，上了大學，參加了自己學校裡的某個社團。她喜歡上一個學長，對方也是社團的社長。不過遺憾的是，學長已經有未婚妻了，而且他的未婚妻也在同一個社團裡。

有一次，社團去外地表演。當演出結束，慶功宴也結束了之後，大家自由行動，有的人去逛街，有的人回房間。

那對未婚夫妻的關係，社團裡的人全都知道，當然了，雙方父母也知道他們的關係。那天晚上，他們倆同睡一房，然而那個「臉皮太薄，什麼事都讓著別人」的女孩Ａ，竟然闖了進去。

男生嚇得跳了起來。令人驚訝的是，本該很怯懦的A竟然對未婚妻說：「請你先離開房間。」

她說，她和社長有話要說。

接著，她竟然對社長說：「我喜歡你，和我一起睡吧！」

過去認識A的人們對此反應大不相同。有的人是不管怎麼向其說明這件事，都表示無法理解。可是也有的人說：「哦，A特別衝動，那麼做對她來說很平常呀！」

的確，因為她的行為缺乏一致性，有臨時出於衝動而做事的傾向，所以一切行為都可以用衝動來解釋了。

有的人說：「因為她是個不能以常理來判斷的人嘛。」或說：「她呀，真的能做出這種事情來呢！」

有的人則和如此乾脆回答的人相反，表示完全無法理解，說：「什麼事都讓著別人的她，怎麼會闖進其他情侶的臥室，把人家的未婚妻趕出房間呢？」

其實，她的所作所為是能夠被充分解釋的。在這件事發生以前，制約A行為的到底是什麼呢？

是他人的眼光。她很害怕他人的眼光，她的行為判斷標準就是在於能否讓其他人喜歡。被其他人討厭，這對她來說比什麼都要可怕。

過分遷就別人的人，很明顯是有精神官能症傾向的。

有的人只要能夠讓其他人喜歡自己，什麼事都會做。為了讓其他人說自己是「好人」，什麼苦都不算苦。

為了能讓其他人說自己是「好人」，A什麼事都做。她之所以會那麼謙讓，以至於讓別人都覺得不正常了，也是因為她其實害怕被人討厭。

她並非因為關心別人才謙讓對方的。因為愛而謙讓對方，與出於害怕被對方討厭的恐懼感而謙讓，這兩者的意義完全不同。

換句話說，即使「謙讓」的行為表面相同，動機卻不同。

肉眼只能看到人的行為，卻看不到人的動機。

一個人有時會因為相同的動機做出不同的行為，也會因為動機不同而產生相同的行為。

實際上，過去有男人來要求和A發生關係的時候，A並不會拒絕，因為她害怕拒絕了會被討厭。

為了不讓其他人討厭，不管去偷、去搶，她什麼都有可能去做。

她對朋友們很親切，但那也是為了不被討厭。因此A的朋友們都說：「她沒辦法以常理來理解喔！」徹底放棄了去瞭解她的努力。

但是其實沒什麼特別的，她只不過是心理年齡還停留在幼兒階段，只有身體年齡和社會年齡持續長大，成為了大學生。

對其他人異常的恐懼心理、過分地遷就別人，這些都只不過顯現了她的依賴心理而已。她只不過是因為自己無法獨立地站起來，才謙讓別人。

雖然從行為來看，A讓人難以理解，但從動機來看，她的所作所為是一致的。

從行為特質上來看「無法理解」，可是從她的人格特質上來看，就非常好理解了。

借用馬斯洛[12]的話來說，**她的重心在其他人身上。如果重心在自己，那麼就能夠按照自己的期望來行動；重心在於他人，就無法按照自己的期望行動。**不過，與其這麼說，倒不如說她根本對自己沒什麼期望。

借用卡倫·霍妮的話來說，是她給其他人賦予了「不當的重要性」。

無論如何，她的問題是缺乏自我。她根本沒有自我。

如果被父母拋棄的話，小孩子就無法生存下去，因為小孩無法獨自生存。對孩子來說，被母親拋棄是最大的問題。

然而，對於成年人來說卻並非如此。對成年人而言，自己獨處並不代表著生存不下去。

不，對成年人來說，擁有自己獨處的時間，這是心靈成長所必需的。這樣能讓自己的內在世界更加深刻。

孤獨會讓一個孩子無法生存，然而對成年人來說，那卻是必要的。

當一個人不論是否被他人寵愛，都能夠獨自生存下去的時候，他的嶄新人生就已然開啟了。

---

⑫ Abraham H. Maslow（一九〇八—一九七〇），美國著名心理學者，人本主義心理學的奠基人，以「需求層次理論」聞名。

只為「其他人會怎麼看我」而活的女孩

Ａ非常害怕被人討厭。不管對方是男性還是女性，她都會抓住對方不放。她很害怕被父母討厭，所以凡是父母不喜歡的事，她都瞞著父母。Ａ就靠這邊藏點祕密、那邊瞞點事實的方式活著。

所以，她因為覺得謙讓會讓其他人喜歡自己，便什麼事都讓著別人。

我前面提過的，和Ａ沒有太多接觸的小學老師認為她是個大好人。凡是和她沒有太多接觸的人，都會那麼想。

然而和她成為朋友，共同出入的機會多了以後，就會覺得她是個謎團重重的人。她對朋友們是很親切，但與此同時，她又會在背地裡做一些讓大家很為難的事情，所以當然會覺得搞不懂她。

那麼，「臉皮太薄」的Ａ，到底為什麼會大半夜闖進那對戀人的房間呢？

那是因為Ａ墜入愛河後，除了她所戀慕的人之外，她的眼中不再有別人了。換句話說，除了那個男生以外，別人全都變成無關緊要。

之前約束著她的行為的，是他人的目光。她並沒有「這種事應該做」、「那種事不能做」的自我判斷能力。

做這種事會讓人討厭，所以就不做；做那種事會讓人喜歡，所以要做。只不過是因為這樣而已。

她處於心理上的無政府狀態，既沒有倫理，也沒有道德，只在乎「其他人會怎麼看我」而已。

從她喜歡上社長那時候開始，除了他以外，其他所有人都從她的視野裡消失了。

這種事太丟人了，所以做不到；那種事太不女人了，所以做不到——這些框架對她來說失去了任何意義。

由於她一時燃起的幼稚的戀慕之情，其他人的眼光不再存在了，既然如此，那麼一切事情都有可能發生。

等到她那一段時間所突然燃起的戀慕之情過去後，其他人會再度變得重要。然而，在她的單戀剛開始那段期間，她是狂熱的。

連一把椅子都會讓給別人的A，就這樣做出了硬要把一對未婚夫婦拆散的事情。

而且更糟的是，A把自己不成熟的人格理解為「親切」。但其實她沒有一絲親切的心。她只不過是因為人格不成熟，所以很害怕被別人認為自己不好而已。

然而，只從表面上表現出來的行為來看，她和真正親切的人一樣。而她和親切的人的差別何在呢？那就是缺乏一致性。

人是不能夠透過行為來判斷的，只能透過為什麼會出現這種行為的「動機」來判斷。以前文提過的方式來說的話，那就是，我們無法靠行為特質來判斷一個人，只能夠靠人格特質來判斷。

早上對某個朋友很親切；到了晚上，卻又對和朋友敵對的人很親切，讓早上的朋友很為難。如果沒有和他人心意相通，就可能會出現這樣的行為。

然而成功地讓自己心靈成長的人，不可能做出這樣的事。

借用佛洛姆的話來說，行為特質與人格特質完全是兩件事。馬斯洛也說，行為與動機是兩件事。

精神官能症患者是極其冷酷的利己主義者，同時又極端地忘我。

回應他人的期待是美德，這是指：以對「他人的愛」為動機，來回應他人期待的時候。

但回應他人的期待只是一種行為特質，事情不能僅以此來判斷。

究竟是因為不安才回應他人的期待？還是因為愛而回應他人的期待？這就是人格特質的差異。由於不安才回應他人的期待，在心理上絕對不能說是心甘情願。

所以，問題的關鍵不在於行為特質，而在於人格特質。

精神官能症的「沒有自我」和「利己主義」在行為特質上確實是有所不同，然而在人格特質上，都是精神官能症患者的表現。

例如，有個大學生，他讓朋友看他寫的報告，幫朋友寫作業。他有著怎樣的動機呢？

1. 他待人熱情。
2. 他害怕被討厭。
3. 他想要被對方喜歡，希望對方對自己有好感，希望得到對方的關心。
4. 他因為不安，而去迎合對方、討好對方及奉承對方。也可能是在推銷自己。

5. 他覺得不為別人做些什麼，別人就不和自己交朋友，認為自己沒有價值。
6. 沒有守規矩的意識。

即使行為相同，動機卻是不同的。

人格不成熟而行為荒唐的人

再回到A的故事。在發燒般的愛情完全結束了之後，A又愛上了X和Y兩個男孩。

兩人都是大學生，都超過二十歲。

A不願意被X討厭，也不願意被Y討厭。

A和X去旅行，在旅程中，X對她說：「你別再和Y交往了。」A哭著發誓答應。之後，兩人回來了。

Y約A出去時，A又害怕被Y君討厭。她不想失去Y君，便緊緊抓住Y不放。

會緊緊抓住已有的東西不放，這是人格不成熟者的特質。

A和Y君去旅行，A做了所有能讓Y高興的事。之後，兩人回來了。

X知道了這一切，覺得很受傷。X也是個依賴心極強、人格不成熟的人，所以他也緊緊抓住已有的東西不放。他沒辦法和做出那種事的A分手。

X很受傷、很憤怒地去罵她，她哭了。然而，不管X用多麼狠毒的話語罵她，她還是沒辦法和X分手。

「你如果再用這麼狠毒的話罵我，我就和你分手！」A做不到這麼決絕的態度。不過，如果她能採取這麼決絕的態度，那又該輪到X哭著道歉了。

總而言之，她哭著道歉了，她說：「讓我們再重新來過吧！」兩人和好之後，一起去乘船。然後，Y知道了這件事……事情就這樣繼續循環下去。

這種事在其他人看來，真是荒唐得教人看不下去，而對當事人來說，也簡直像是地獄。

這種時候，如果其中有一個人是「真正的」成年人，會怎樣做呢？答案是會拋棄這一切。

人格獨立的「成年人」之間的友情

有時，「拋棄」才是真正的愛。有時候，被拋棄的人也會獲得幸福，因為他被賦予了長大成人的機會，也被給予了只靠自己活下去的機會。

然而這種所謂拋棄，我們卻往往難以理解。我在二十六歲時寫過一本書《我有我的生活方式》。

在那本書裡，我寫道：「只有在拋棄朋友的時候，才能產生真正的友誼。」當時，我收到許多讀者來信，其中，讀者疑問最多的就是這部分。

「到底是什麼意思？」讀者這麼問。

我當時想說的是，透過拋棄，產生的並非人格不成熟者之間的友情，而是具有獨立人格的，成年人之間的友情。

偉大的人物必須要拋棄父母。但任何人都不願意拋棄別人，就像我們常說的，與其拋棄別人，被別人拋棄還更輕鬆一點呢！

拋棄別人的人所體會到的感情，恐怕就是殺了人的人所體會到的吧。

那麼，我在這裡所說的「拋棄」到底是什麼意思呢？那就是要拋棄對其他人的恐懼心理。

讓我再重複一遍。偉大的人必須拋棄父母。所謂拋棄，並不是要拋棄父母本身。對孩子來說，所謂拋棄父母，是指拋棄自己內心對父母的恐懼心理，拋棄與依賴心理緊密結合在一起的畏懼。

拋棄畏懼，也與拋棄依賴心理相關。

在拋棄父母的時候，大多數人需要內心淌血地渡過這條大河，而且會對自己痛苦地疾呼：「我拋棄自己的父母了！」

其實，那只不過是拋棄掉自己內心對父母的恐懼心理而已，是變得成熟了。

那時，人的心裡會因太過於痛苦，發出支離破碎的語言，痛得滿地打滾。因為太過於不安，所以會緊緊抓住身邊的東西，或者像夢遊者一樣，意識不清地走到外面去。

所謂成熟，是要越過人生中荊棘最多的高山。而等到越過了高山，這一切都結束之後，回過頭來看，人們才能瞭解：一直以來自己認為是孝順、道德的東西，其實只不過是對他人的恐懼心理而已。

從那時起，心理上成年者的道德意念才開始出現：「宣告和幸福分手！」然後，淌著血渡過那條大河。

所謂「宣告和幸福分手」，就是離開被過度保護的溫床。除此之外，成長再沒有其他途徑。

「出走」才是心理上真正的成人儀式。只要還有對父母的恐懼心理，就沒法不順著父母的意思行事。

對人類來說，安全是最重要的。想要依靠父母來確保自己精神上安全的人，絕對沒辦法出走。

和父母反對的人在一起時，兒子就已經下定決心，要靠自己來確保自我心理上的安心感。

在違背父母的心思時，孩子會流多少血啊！然而，拋棄掉的並不是父母，而是存在於自己心中對父母的恐懼心理，把證明一個人的人格中，尚未成熟的「恐懼他人」的心態拋棄。

真正的成長是按照自己所處的年齡，把自己依賴的事物汰舊換新。

小時候，所有人都會在心理上依賴母親，都想靠依賴母親來獲得一種安心感。

可是，人會長大，十歲、二十歲、三十歲，到了不同的年紀，就要把過去的溫床一個個拋棄掉。

這是很痛苦的過程，與所謂的幸福截然不同，是一條充滿痛苦的道路。為了得到真正的成長，我們必須宣告和幸福分手。

唯有拋棄過往的溫床，並且生出為新生活豁出去一切的勇氣，才是在心理上長大成人的唯一方法。

人格不成熟的人，對已擁有的東西無法放手。從更深的層次來說，緊緊抓住現有的東西不放，就是害怕被拒絕。被其他人拒絕，這會讓我們異常受傷。

實際上，所謂成熟，就是即使遭到了合理的拒絕，也不會受傷。

變得強大，才能得救

我們只有透過變得強大，才能得救。

人會固戀於母親，這是佛洛伊德發現的。佛洛姆對此讚不絕口，他認為這是人類科學中充滿最遠大可能性的發現之一。

一般人很難完全克服對母親的固戀。即使長大成人了，人類仍總是在不停地尋找可靠的人。

然而，我們卻把直接尋找母親的意念壓抑在心底，另一方面，又總是在尋找母親。正如佛洛姆所說，這種尋找母親的心態，往往不完全只在尋求母親的愛與保護，同時也包括了對母親的畏懼。

這種恐懼是從依賴中產生的。

對母親的固戀，病理性徵兆是「依賴與畏懼」的增強。

隨著依賴的增強，畏懼也在增強。如此一來，就無法敞開心胸與人交往了。

依賴性強的人，內心是被「畏懼與敵意」所支配。

充分地理解「依賴心理與畏懼」的關係，這在日常生活中非常重要。

就像佛洛姆說的，正是依賴性，削弱了一個人的「個人意義」。畏懼會削弱一個人的力量與獨立性格。

這正是為何我們說，一個人只有透過變得強大，才能夠得救。

假設我們找到了願意認可自己一切的戀人，他肯稱讚我們，貶斥我們所貶斥的東西，對於和我們所對立的一切都懷有敵意，並認為我們做的一切都是正確的。這樣的戀人，讓我們得以從人生的重擔中解放。這樣的戀人能夠幫助我們鎮靜內心的不安，讓我們恣意妄為，也讓我們相信自己的偉大。

因為戀人願意無條件地相信我們的一切，所以，我們能夠從自己內心的不安當中解放出來。

和戀人在一起時，我們能夠擺脫無所依賴的狀態，也沒有必要一直戰戰兢兢的。我們也不會總是提心吊膽，害怕自己有所隱瞞的內情會被對方發現。

他知道我們的一切，即使如此，仍願讚美我們。只要和戀人在一起，我們就不再提心吊膽，什麼都不怕。

一旦找到了這樣的戀人，和他在一起，或許就能讓我們得到拯救。

然而，這樣的戀人對我們的生命愈是重要，相反地，我們愈是不得不畏懼對方。因為一旦被戀人拋棄，我們就活不下去。

佛洛姆曾舉例說明對母親有很強烈固戀的人，他們的夢境特徵。在夢中，一位充滿力量的女性捉住他，把他揪到深淵之上，又將他扔下去。

換句話說，他害怕被那個充滿力量的母親毀掉。

人格不成熟的人，無法正常戀愛

不光是對母親，對戀人也一樣。

愈是需要對方，愈會害怕被對方拋棄。愈是需要對方，被對方拋棄時就愈悽慘。也就是說，愈是需要對方，必然就愈是會害怕被對方拋棄，因此勢必會因為對他有所畏懼，而去討好對方。

一方面任性地對戀人亂發脾氣，一方面其實在心底深處害怕著戀人。

「就是因為有你這種女人在，所以老子才這麼倒楣！」一方面把自己的慘事全都歸咎於戀人，大鬧一場，同時在內心深處的更深處，卻很怕她。

把因為自己人格不成熟而造成的過錯，全都推卸給對方，再沒有比這麼做更輕鬆的事了。

把所有的一切都說成是戀人的責任，大鬧一場，同時在心底深處卻怕對方。一方面責罵戀人「就是因為老子沒有拋棄你，所以才這麼倒楣」，以戀人的恩人自居，然而在心底深處，終究還是害怕戀人的。

而他之所以會過得那麼悲慘，當然絕對不是因為戀人的緣故。儘管如此，他在咒罵戀人的時候，還是感覺心情稍微舒暢了一些。

然而那卻治標不治本，很快地，他又會變得受不了了。

我們總是不能從根本來解決問題，而只能一次又一次地敷衍過去。

比方說，有的人經常毫無理由地指責他人，這就是用別人來解決自己的煩惱。

人格不成熟的人做起事來，其實多數都屬於這種利用別人來解決自己的煩惱的類型。只有在利用別人來解決自己的煩惱時，他們才能鬆口氣，然後馬上又有新的煩惱了。

某個人格不成熟的大學男生戀愛了。他完全沒有朋友。

於是他這樣責怪女友：「我之所以總是一個人，沒有朋友，就是因為我老是跟你在一起。」一副有恩於女友的樣子。

「就是因為我總是和你在一起，所以大家都不方便和我來往了，而且大家都不太敢打擾我們。」他就這樣把自己沒有男性朋友的寂寞，全都怪在女朋友頭上。

然而，他之所以交不到朋友，是因為他是個極其任性的人。只要他不能在自己內心克服這種任性，心靈就絕對無法平靜。克服自己的任性，獲得成長，這才是根本的解決之道。

他的女朋友忍受著這種責難。透過責怪女友，他恢復了內心的平衡。女朋友對他來說就是救贖。

後來，人格不成熟的他，進入了一家新公司。這時候，女朋友終於忍受不了，和他分手。結果，他患了憂鬱症。

因為有這樣的女朋友，所以他不需要成長也能生存。

成長是痛苦的。如果不需要成長也能生存的話，就沒有人會想要成長了。然而，正是因為他擁有那麼一位「出色的戀人」，讓他一直保持人格的不成熟，所以後來才釀成悲劇。

可以說，正是因為他運氣太好，和一個忍耐力極強的女孩墜入了愛河，反而讓他成了無法再重新站起來的廢人。

拯救自己的，也正是毀滅掉自己的。這種矛盾才真是人類的悲劇。

其實，如果他能早點被女友拋棄的話會更好。或者說，如果誰都不願意和他相戀才會更好。那樣一來，或許他就能被迫成長了。

如果前女友看到他人格不成熟的生活現況，想要真的讓他成為一個優秀的人，她就必須明白，唯一的方法就是拋棄他。

拋棄掉自己的，也會拯救自己。我們應該對這種矛盾有所自覺。意識不到這一點，才是人類的悲劇。

對於人格不成熟的人，即使說教一百萬次也無濟於事。一個人，只有被逼到「是要成長？還是去死？」的地步，才能成長。

成長就是如此充滿痛苦。對人類來說，比起成長，被使勁揍、被打、被踢飛，在心理上承受起來還會更輕鬆一些。忍耐這種程度的肉體苦痛，比忍耐深刻的心理不安要輕鬆得多。

例如，某個女人為什麼不跟對她家暴的丈夫離婚呢？那是因為她對離婚後一個人的生活感到不安。

再舉個例子，某個人格不成熟的人進入了一家公司工作，他哥哥就是老闆。每天晚上，他都一攤又一攤地喝酒，並且記在公司帳上。他一回到家，就會被哥哥憤怒地用棍子打。

就算天天被哥哥用棍子打，他還是每天晚上都喝了酒才回家。

做哥哥的並不知道，與成長的痛苦相比，被棍子打得滿身瘀青這點痛苦要輕鬆多了。

而且，這種人格不成熟的人，絕對沒辦法正常地戀愛。

之所以會如此，是因為他們想要靠戀人來解決自己人生中，不得不解決的許多問題。

和長不大的男人在一起，會白白浪費自己的人生

「我丈夫從六月開始就完全沒回過家了。」某個年紀比丈夫大的妻子，在電話裡對我這麼說。

他們倆是私奔結婚的。儘管如此，丈夫卻在三十五歲時和公司同事同居。對方是一家與ＩＴ相關的人力派遣公司派來的女同事，三十七歲，獨身。她的丈夫和這個女同事組成了兩人小組，一起工作。五月分，丈夫生病住院時，妻子曾遇到過她。

四月的後半個月，丈夫因為工作繁忙，一直沒回家。當時他從公司打電話給妻子，還對妻子說：「真想回家。」其實她知道，以丈夫當時的工作狀態，他是可以回家的。

丈夫離家出走的時候，除了身上穿的衣服之外，什麼都沒帶，就突然很生氣地走了。妻子像母親一樣地擔心著他。共同生活的這五年來，她一直擔任著他「母親」的角色。

「我丈夫因為很厭煩和人來往，所以他沒有朋友。公司也總是換來換去的。就算他交了朋友也不珍惜，結果就和人家斷了來往。」

不管對方是異性還是同性，他只和能夠做他「母親」的人來往。他不願和「母親」以外的其他人建立關係。

「我丈夫從我娘家那兒借了錢，有一百多萬元，是用來還他沒結婚時欠的錢。結婚之前，他就總是穿戴超過自己能力的高級品。」

對於如此失去自我、沒有自信的男人，做妻子的卻說他「對自己的事業特別有自信」。

她無法理解，他的虛張聲勢，正是因為他的自卑感。

「特別自信」是經過偽裝後的自卑感，所以他不管進入哪家公司，都與周圍格格不入。

自卑感太強的人，社會生活不會順利。總之，他是在心理上長不大的人。

儘管丈夫跑到別的女人那裡去了，但是妻子卻語氣開朗地說：「我生這種氣好像有點蠢。」她說著說著，笑了起來。

不過，她的笑是乾笑，並不是能讓人感覺到快樂的笑，而是絕望的笑。恐怕她在笑容消退之後，會是一副陰鬱的表情吧！

「他在那邊因為身體狀況不好，要去看醫生。」她還在擔心丈夫，幫他送了醫療保險證和零用錢過去。

做妻子的，一方面對丈夫很失望，另一方面又努力想取悅他。對於這種婚姻生活，她感到很絕望，但又不想放棄「母親」的角色。

是妻子讓丈夫扮演了兒子的角色，而他身邊的兩個女人都扮演著「代理母親」。

《長不大的男人》（*The Peter Pan Syndrome: Men Who Have Never Grown Up*）的作者丹．凱里指出，很多女性逃到了母親的角色當中，並以此來處理對於獨立的恐懼。

如果女性的依賴心理太強，害怕孤獨，就會和這種長不大的男人在一起，白白浪費自己的人生。

這是一個對於母親有很強烈的固戀的男人，以及一個心理上無法獨立的女性，一起逃到了「母親」角色中的故事。

這個戀母的男人你來我往地依賴著兩個女人，因此，他對妻子和戀人都沒有敵意。

可是，如果他沒有從妻子那裡獲得對另一個女人的認可，又會如何呢？

那就會進入佛洛姆所說的「輕度不安與抑鬱狀態」，對妻子懷有敵意。雖說是敵意，卻是依賴性的敵意。

即使要求無條件的愛，也無法成長

佛洛姆說過，亂倫的衝動，「對男女來說都是最基本的熱情之一」。

他並且具體地這麼說：「這包括了人的防禦本能，包含獲得自戀滿足的需求，人也渴望從伴隨責任、自由與意識所產生的負擔中解脫，渴望得到無條件的愛。」他認為，在正常情況下，這些欲望是存在於幼兒心中的。而他指出了更重要的一點，就是母親能夠滿足這些欲望。

於是，產生了許多問題。換句話說，如果母親沒有讓這些欲望得到滿足，又會變成什麼情況？

人類的欲望是透過被滿足才能夠消失的。

如果母親無法讓孩子「對無條件的愛的渴望」得到滿足，這種欲望就會留下來。即使孩子長大成人，在他的心底深處，仍然像幼兒一樣，要求得到無條件的愛。

讓我們再具體地思考一下，所謂「對無條件的愛的渴望」，到底是怎麼一回事呢？

那就是「即使我跑得很慢也愛我，即使我唱歌很差勁也讚美我，即使我不漂亮也接納我，即使我頭腦很笨也喜歡我」。

「即使我出軌了，也要接納本質的我」，這就是「對無條件的愛的渴望」，也就是「請你救救本質的我」。

所謂「我愛本質的你」，就是無條件的愛。

和那個人在一起的時候，可以不需要說謊話。這就是無條件的愛情。

打個比方來說，孩子考得很差，但他從學校回到家裡，並不需要對媽媽說謊話。以其他的話來形容，母子之間是「可以暢所欲言的關係」。

這與佛洛姆所說的「報酬的愛」正好相反。所謂「報酬的愛」，是因為孩子拿了好成績，母親才給予讚美。

幼兒感受到即使自己不是一個出色的小孩，也是被愛著的，這就是在「無條件的愛」中成長的孩子。

幼兒被母親如此無條件地愛著，因而能夠得到心理上的成長。因為被這樣愛著，所以能對依戀對象產生信任感。

這種信任感決定了一個人在成年之後，有沒有對周圍的人產生信任的能力。

而相反地，沒有被母親無條件愛過的男性會變成什麼樣呢？他們不會去愛，而是像幼兒渴望母愛一樣，總是要求被其他人愛。

然而，他們基本上得不到自己想要的，因為，大概不會有哪個戀人像母親愛孩子一樣地愛著一個成年男人。

換句話說，小時候沒有被媽媽滿足「對無條件的愛的渴望」的男性，在長大成人之後，也會一直想要滿足這種渴望。

而因為這種要求得不到滿足，所以他們就會不斷地受傷。也因為不斷受傷，所以他們心靈的基調變成了「憎恨」。

即使他們和成熟的女性戀愛了，結果也是一樣的，他們不會感到滿足。由於從成熟女性那裡得到的愛情，與自己想要的愛情不一樣，所以，他們還是會一直受傷下去。

就算對方認為自己已經在愛他了，但他還是很受傷。

兩人之間，將存在著一道巨大的鴻溝。

在前面提到的戀母男人例子中，他似乎是被兩個女人愛著，然而，事實並非如此。

那兩個女人都沒有激勵他成長，在實質意義上，她們並沒有愛著他。

選擇像母親般的戀人的男人

佛洛姆說，如果母親沒能滿足這種基本欲望的話，幼兒就無法生存下去。我們雖然不知道「無法生存」意味著什麼，但我們知道，那樣的孩子，會對周圍的人沒有信任感。

當他們感到不安的時候，就想要抓住母親不放，然而他們卻抓不到。這種親子之間的關係，就是鮑爾比所說的「不安全的依戀關係」。

孩子就這樣變成了無法相信別人的人。

佛洛姆這樣描述了具有精神官能症傾向的亂倫固戀的第二階段：「在並不那麼嚴重的形式裡，這種固戀就是需要一個隨時能像母親一樣照顧他，同時又對他沒有任何需求的女性。換句話說，就是需要一個可以無條件地依賴的人。」

在現實世界裡，很難找到一個沒有任何要求的對象。

因此，每當這類男人與某個對象開始親密了，總會感到憤怒，因為對方並不是毫無任何要求地一味照顧他，為此，兩人總是會鬧不愉快。對於接近自己的女性，這一類男人總是沒什麼好臉色。

即使對方只是拜託自己做一點點小事，他們還是會不高興，甚至感到憤怒，因為他們需要的是沒有任何要求的女人。

即使對方只是跟他們說：「別這麼做。」「別說這種話。」「這麼做會……」他們就發火。「這樣做吧！」這種話對他來說，就是要求。

最重要的是「照顧他」。

一對他們說：「我不喜歡你這一點，所以你改掉吧。」他們便會發起好大的脾氣。

從另一個角度來看，既然是能夠照顧自己的女性，其實也就意味著，這個女人對自己而言非常重要。

所以，只要稍微被對方說點什麼，他們的內心就會很不安。

本來還興高采烈的，但因為對方不經意的一句話，他們立刻就變得消沉而不愉快了。

也就是說，他們的情緒如此嚴重地被對方的一言一行所支配。對方竟然重要到這種地步。

「在更嚴重的表現型態中，一個男人會選擇與母親極度相似的人作為自己的妻子。」

但就算選擇與母親相似的人做妻子，妻子也並不會變成母親。所以，他們還是一樣不開心。

說起來，那些會選擇與母親相似的人做妻子的男性，本來就沒有真正地體驗過母愛。

他們對母愛十分飢渴。這樣的男人，必定執著於母親的愛。

「根據佛洛伊德的觀察，在幼兒期對母親的依戀中，也就是在一般人很難完全克服的依戀中，包含了巨大的能量。」

因為幼兒期對母親的依戀未獲滿足而產生的欲求不滿，會讓人終其一生都不幸。

這種欲望在多大程度上能夠得到滿足，決定著一個人一生的幸福。

所謂「在幼兒期對母親的依戀中，包含了巨大的能量」，就是說一個人如果得不到滿足，會因而產生超乎尋常的不滿。

一旦情況演變成如此，這個人「內心的基調」就是憎恨，「內心的土壤」是不滿的。

而且，這種超乎尋常的憎恨和不滿會外化，用來解釋他周圍的世界。

有亂倫傾向的固戀，其最終階段是「失去自我」的心理狀態。

這樣的階段，就是處於心理危機的階段。

佛洛姆認為，與母親牽絆在一起的時期結束後，人便進入了「個性化」的過程。

然而，有的人雖然進入了這種個性化的過程，卻無法自我實現。換句話說，在進入個性化過程的時期，他們變得不安。

這種無意識中的不安，驅動著一個人的所作所為。

假如一個人無法自我實現，無法依賴自己、相信自己，就會被不安與恐懼所支配。

人若無法自我實現，就沒有承擔責任的能力，也不會擁有自己的信念。

所謂「擁有自我」，就是在這些基礎之上，再加上能夠依賴自己、信任自己的能力。

一個人只要還沒有結束與母親的依戀關係，進入個性化的過程，發展獨立性，那麼，包括戀愛關係在內的一切關係，都無法順利發展。

【後記】

注意這個「請你現在就覺察這一點」的信號

有句話說：「將自我欺騙轉變為自我關心。」

這本書裡談論了許多關於自我欺騙的戀愛關係。戀愛就和其他的關係一樣，無意識的感情擁有決定性的影響力。

一旦將這種無意識中的自我欺騙，轉變為有意識的自我關心，戀愛就能夠讓一個人的人生變得充實。

若是在因為喜愛對方而發展為戀愛關係的情況下，即使後來面臨結束，彼此仍然會採取並不混亂的分手方式。

當然了，那是男性和女性關係的終結，所以或許在一定程度上還是會有所混亂。

不過，至少不會發展到不歡而散的地步，而是一種自然的結束方式。

如果無法自然地結束，說明了從一開始就有問題。

兩人可能並不完全是因為相互喜愛才開始一段感情，而是彼此都有一些心理問題。為了想要解決自己的心理問題，才和對方在一起。

若是如此，那麼，只要問題得不到解決，就會對自己和對方都很不滿。

一個人的內心糾葛，會透過他的人際關係表現出來。

換句話說，一旦開始戀愛，一個人的內心糾葛就會透過戀愛關係展現。因此，如果他的內心有深刻的結，戀愛也不會順利。

以本書所舉的例子來說，自卑感是這些男人戀愛的原因，他們是為了解決自己的自卑感而去戀愛，並不是因為喜歡對方才去戀愛的。

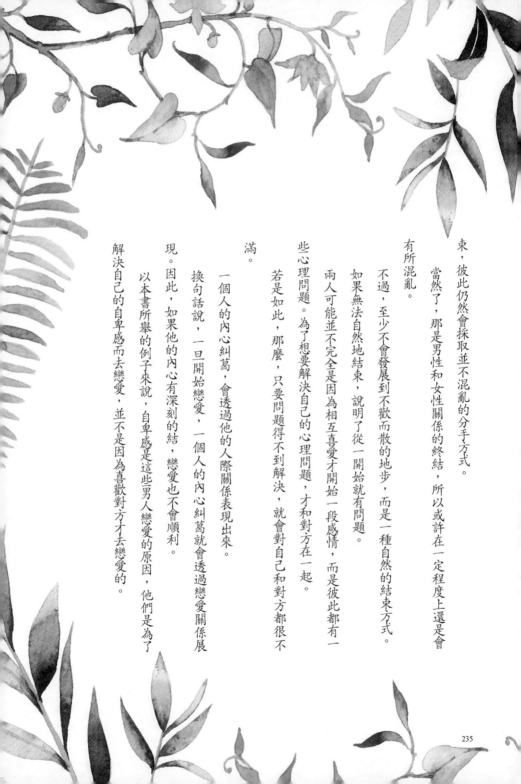

而且，自卑感或憎恨是一個人的人格特質，無法簡單地解決。

如果真的是因為喜歡才開始的戀愛，或許能夠讓一個人的自卑感或憎恨走向解決；若不是因為喜歡才戀愛，一個人的人格特質就仍然會朝著原來的方向發展。

想要讓人生過得充實，一定要學會「弱點並不真的是弱點」的感受方式。

弱點至少是一種信號，告訴我們：「請你現在就覺察到這一點。」

所以，知道自己的弱點也是一件好事。

要是你每次談戀愛都容易吵架，就要思考：「為什麼我的戀情總是處於爭吵呢？」想一想，在自己的內心，是不是有一些自己還沒覺察到的部分？

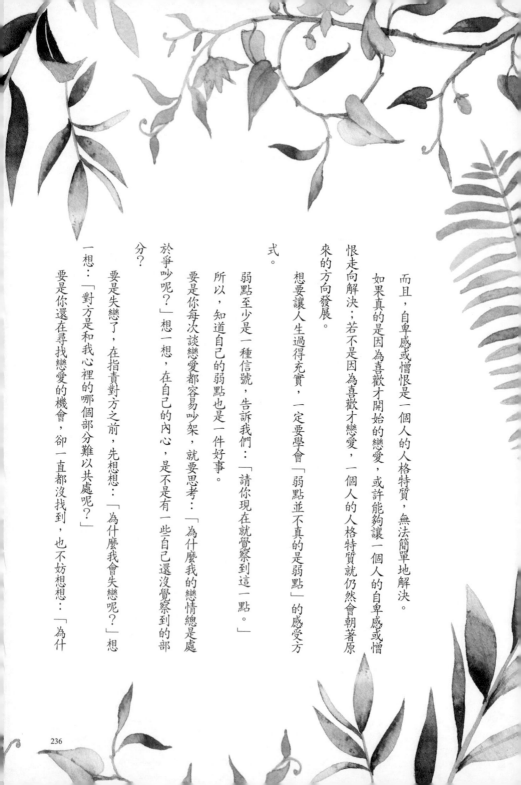

要是失戀了，在指責對方之前，先想想：「為什麼我會失戀呢？」想一想：「對方是和我心裡的哪個部分難以共處呢？」

要是你還在尋找戀愛的機會，卻一直都沒找到，也不妨想想：「為什麼我沒有那種機會？」想一想：「我到底忽視了自己內心的哪個部分？」

不管戀愛會帶我們上天堂，還是墜入地獄，原因都不在於意識，而在於無意識中的行為。

若能像這篇後記一開始寫的那樣，「將自我欺騙轉變為自我關心」，當戀愛是帶著如此巨大的希望和期待開始的，就一定不會失敗。

國家圖書館預行編目資料

為什麼我們愛得這麼累／加藤諦三（Kato Taizo）著. 吳倩譯. --初版. --臺北市：寶瓶文化, 2016.12. 面； 公分. --(Vision；140)
譯自：がんばっているのに愛されない人：ナルシシズムと依存心の心理学
ISBN 978-986-406-072-6(平裝)
1. 戀愛心理學
544.37014　105021066

Vision 140

為什麼我們愛得這麼累

作者／加藤諦三（Kato Taizo）　譯者／吳倩

發行人／張寶琴
社長兼總編輯／朱亞君
副總編輯／張純玲
資深編輯／丁慧瑋　編輯／林婕伃
美術主編／林慧雯
校對／賴逸娟・陳佩伶・劉素芬
營銷部主任／林歆婕　業務專員／林裕翔　企劃專員／李祉萱
財務主任／歐素琪
出版者／寶瓶文化事業股份有限公司
地址／台北市110信義區基隆路一段180號8樓
電話／(02)27494988　傳真／(02)27495072
郵政劃撥／19446403　寶瓶文化事業股份有限公司
印刷廠／世和印製企業有限公司
總經銷／大和書報圖書股份有限公司　電話／(02)89902588
地址／新北市五股工業區五工五路2號　傳真／(02)22997900
E-mail／aquarius@udngroup.com

法律顧問／理律法律事務所陳長文律師、蔣大中律師
如有破損或裝訂錯誤，請寄回本公司更換
著作完成日期／二〇一四年
初版一刷日期／二〇一六年十二月五日
初版四刷+日期／二〇二一年六月三日
ISBN／978-986-406-072-6
定價／二八〇元
GANBATTEIRUNONI AISARENAI HITO

AQUARIUS 寶瓶文化事業

愛書人卡

感謝您熱心的為我們填寫，
對您的意見，我們會認真的加以參考，
希望寶瓶文化推出的每一本書，都能得到您的肯定與永遠的支持。

系列：Vision140　**書名：為什麼我們愛得這麼累**

1. 姓名：＿＿＿＿＿＿＿＿　性別：□男　□女

2. 生日：＿＿年＿＿月＿＿日

3. 教育程度：□大學以上　□大學　□專科　□高中、高職　□高中職以下

4. 職業：＿＿＿＿＿＿＿

5. 聯絡地址：＿＿＿＿＿＿＿＿＿＿＿＿＿＿＿＿＿

聯絡電話：＿＿＿＿＿＿＿＿　手機：＿＿＿＿＿＿＿＿

6. E-mail信箱：＿＿＿＿＿＿＿＿＿＿＿＿＿＿

□同意　□不同意　免費獲得寶瓶文化叢書訊息

7. 購買日期：＿＿ 年 ＿＿ 月 ＿＿日

8. 您得知本書的管道：□報紙／雜誌　□電視／電台　□親友介紹　□逛書店　□網路

□傳單／海報　□廣告　□其他

9. 您在哪裡買到本書：□書店，店名＿＿＿＿＿　□劃撥　□現場活動　□贈書

□網路購書，網站名稱：＿＿＿＿＿＿　□其他＿＿＿＿＿

10. 對本書的建議：（請填代號　1.滿意　2.尚可　3.再改進，請提供意見）

內容：＿＿＿＿＿＿＿＿＿＿＿＿

封面：＿＿＿＿＿＿＿＿＿＿＿＿

編排：＿＿＿＿＿＿＿＿＿＿＿＿

其他：＿＿＿＿＿＿＿＿＿＿＿＿

綜合意見：＿＿＿＿＿＿＿＿＿＿＿＿＿＿＿＿＿＿＿＿＿＿

11. 希望我們未來出版哪一類的書籍：＿＿＿＿＿＿＿＿＿＿＿＿＿＿＿

讓文字與書寫的聲音大鳴大放

寶瓶文化事業股份有限公司

（請沿此虛線剪下）

廣告回函
北區郵政管理局登記
證北台字15345號
免貼郵票

寶瓶文化事業股份有限公司　收

110台北市信義區基隆路一段180號8樓

8F,180 KEELUNG RD.,SEC.1,

TAIPEI.(110)TAIWAN R.O.C.

（請沿虛線對折後寄回，謝謝）